中国粮食改革开放40年

中国粮食经济学会 编著

经济管理出版社
ECONOMY & MANAGEMENT PUBLISHING HOUSE

图书在版编目（CIP）数据

中国粮食改革开放 40 年/中国粮食经济学会编著. —北京：经济管理出版社，2019.12
ISBN 978-7-5096-6933-4

Ⅰ.①中… Ⅱ.①中… Ⅲ.①粮食问题—研究—中国 Ⅳ.①F326.11

中国版本图书馆 CIP 数据核字（2019）第 259430 号

组稿编辑：勇　生
责任编辑：刘　宏
责任印制：黄章平
责任校对：陈　颖

出版发行：经济管理出版社
　　　　　（北京市海淀区北蜂窝 8 号中雅大厦 A 座 11 层　100038）
网　　址：www. E-mp. com. cn
电　　话：（010）51915602
印　　刷：三河市延风印装有限公司
经　　销：新华书店
开　　本：720mm×1000mm/16
印　　张：16.25
字　　数：233 千字
版　　次：2019 年 12 月第 1 版　　2019 年 12 月第 1 次印刷
书　　号：ISBN 978-7-5096-6933-4
定　　价：68.00 元

代 序

中国粮食企业参与"一带一路"建设的思考

一、中国与"一带一路"沿线国家经济上具有互补性

1. 实施"藏粮于地、藏粮于技"战略的有利条件。中国在粮食供给面临压力、耕地长期高强度超负荷利用、地下水超采等前提下,通过推行耕地轮作休耕等制度措施,保障粮食生产的可持续发展。有关部门统计,2018 年,全国耕地轮作休耕试点面积 2400 万亩。以小麦为例,国内配额外进口小麦按照 65% 的税率和 2017 年美元兑人民币平均汇率 (1:6.7)计算,进口关税和增值税约为 1300 元/吨。2017 年,国内耕地轮作休耕补贴为 500~800 元/亩,进口关税和增值税基本可以支撑国内耕地轮作休耕补贴。在此背景下,中国可以利用"一带一路"沿线国家耕地资源生产出来的粮食,填补国内耕地轮作休耕出现的粮食缺口,解决国内粮食供求矛盾。

2. 建立中国粮食进口地区多元化贸易体系。过去,中国粮食进口依赖太平洋地区一元贸易体系,粮食出口国主要有美国、加拿大、越南、泰国等,在地缘政治上存在较大风险。今后要借助"一带一路"建设,健全中国粮食进口地区多元化贸易体系,完善粮食进出口调节机制,降低和分散粮食进口地区一元贸易体系风险。

3. 发挥中国与"一带一路"沿线国家经济互补优势。当前,全球主要粮食生产国,拥有丰沛的未利用耕地、水和劳动力资源,粮食单产水平却比较低。如黑海地区的俄罗斯、乌克兰等国,以及东南亚国家。2017 年,哈萨克斯坦小麦平均单产 1.2 吨/公顷 (79.3 公斤/亩),未来发

展粮食生产的潜力巨大；粮食生产技术和设备需求旺盛，使用期超过 10 年的收割机、拖拉机更新需求分别为 54%、73%。中国具有充足资金、领先技术、庞大市场等优势，两国合作，可提高当地的农业发展水平，推动中国粮食企业"走出去"。我们要充分利用这些国家政局稳定、与中国睦邻友好等条件，开展合作，加强对"一带一路"沿线国家粮食生产资源的开发利用。2017 年，中粮国际从哈萨克斯坦进口小麦 14.7 万吨，占中国进口哈萨克斯坦小麦到货总量的 49%。在哈萨克斯坦投资 2710 万美元，建设两处筒仓，缓解了当地仓容紧张的矛盾，也为粮食"引进来"创造了条件。

4. 增加从"一带一路"沿线国家大豆进口数量。中国大豆常年进口数量占全球大豆出口总量的 60% 以上。据中国海关统计，2017 年，中国大豆进口总量 9553 万吨，从巴西、美国、阿根廷进口量分别占进口总量的 53%、34%、7%。2018 年，减少从美国大豆进口数量后，将转向其他国家和地区，我们要向"一带一路"沿线国家发布中国粮食进口需求信息。同时，扩大国内大豆种植面积，增加自给率。

二、确立"抓两头、放中间、强服务"战略

1. "抓两头"。一方面，抓高质量种子供给，可将中国的隆平高科、登海种业等技术引入当地市场，通过订单农业形成规模化生产，满足加工需求。另一方面，抓粮食加工业发展，针对供给不足的国家以当地市场需求为主开发粮食加工产品，针对粮食过剩的国家将其打造成为国外粮仓。大多数企业采取农产品订单采购、进出口贸易和投资农产品加工业等合作方式，路易达孚公司在肯尼亚、坦桑尼亚只从事农产品贸易，邦吉等国际四大粮食企业在非洲主抓加工和贸易。西安爱菊粮油工业集团在哈萨克斯坦建设中哈唯一"粮油加工型农业项目"，一期已建成年加工 30 万吨油脂厂，拟建立优质粮油种植基地 100 万亩。此外，将构建"以哈萨克斯坦为生产基地、以阿拉山口为中转基地、以西安为集散基地"的跨国供应链。

2. "放中间"。不采取买地、租地和大规模土地开发等形式，以降低粮食生产自然风险和市场风险。欧美大粮食企业控制南美洲大豆产业有一个共同点，即不买地种植大豆，而是以订单农业的模式向巴西、阿根廷等国的农民采购大豆，在物流环节、购销环节上做文章，获取巨额利润。这样，不仅消除了国外买地带来的争议，也规避了种植大豆带来的自然风险。中国"走出去"的粮食企业数量较少，国际竞争力相对较弱。据有关部门统计，2017年，中国在国外投资建立粮食企业总数251个，其中民资投资建立粮食企业数218个，占中国在国外投资建立粮食企业总数的87%。投资涉及六大洲的49个国家，年度投资超过500万美元的只有31个。投资主要在附加值较低的种植环节，种植环节投资额占总投资额的63%；加工仓储环节投资额仅占总投资额的11%。有的企业偏好土地获取和开发，不但费用高、投资回报周期长，而且土地租赁很敏感，开发中的各种风险也很高。有的企业投资集中在种植、养殖等产业链低端，希望生产的粮食运回国内，受到粮食进口配额、质量标准等方面制约。有的企业不顾所在国条件，盲目地搞集粮食种植、收购、储存、加工、销售于一体的全产业链经营，一旦遇到不可控的自然风险和市场风险，可能导致整个项目的失败。中粮国际采取并购和整合方式，在全球粮食主产区初步建立了供应链网络。截至2017年底，在全球拥有21个加工厂、56个内陆仓库、13个持股码头，基本形成了全球粮食主产区与主销区之间的粮食物流走廊。在"一带一路"沿线国家，投资建设陆路、海路进口粮食物流通道。

3. "强服务"。在育种与研发、种植技术培训与推广、标准对接、生产技术装备、粮食购销加储运、港口码头、农业园区建设与规划等方面，提升"走出去"粮食企业的服务能力。布勒集团以"立足于市场、服务于市场"为宗旨，根据全球不同区域的业务发展和市场需求建立分公司和服务站，提供从农田到餐桌的全套解决方案。中地海外集团致力于打造非洲经济技术开发服务与推广体系，成为非洲国家经济发展"一站式"

综合解决方案的提供者和项目实施者。

三、突出重要行业和关键环节

1. 推动农机、粮机企业"走出去"。目前，中国部分农机、粮机企业在国际市场上具有较强竞争力，要发挥各自比较优势，合力开拓国外市场。一是通过建立国外产业园区等方式，督促大企业带动中小配套企业、先行企业带动后来企业联合"走出去"。二是推进农机、粮机企业供给侧结构性改革，推动中国农机、粮机企业产能对外输出。三是通过提供服务和促进合作国粮食加工产业的发展，带动中国农机、粮机企业"走出去"，实现"强服务"目标。江苏丰尚集团在全球建立了 7 个生产基地和 4 个研发中心，其中包括 1 个海外生产基地和 3 个海外研发中心，全球有 50 多个办事处及服务网点，海外销售产品和服务遍及 120 个国家或地区，"一带一路"沿线国家销售额占集团总销售额的 78%。通过与嘉吉等跨国公司合作，共同开拓印度、南美洲、独联体国家等市场。

2. 实现物流等基础设施互联互通。目前，中国与俄罗斯、乌克兰、哈萨克斯坦等国在铁路轨距、边境换装能力等方面存在标准和承载能力不统一的问题，严重制约了中国粮食国际贸易的发展。尼日利亚、埃塞俄比亚等非洲一些欠发达国家的农业生产基础设施落后，物流基础设施普遍较差。为此，一是依托亚洲基础设施投资银行和丝路基金等，加大对"一带一路"沿线国家基础设施投资力度。二是推动粮食跨国物流的衔接与合作，新建一批重要的进出口粮食物流节点和粮食口岸，构建与国内对接的进出口粮食物流通道。三是加大对粮食"散装散运"设施的投资和推广应用力度，提高粮食物流效率，在粮食货物专列运输方面给予企业扶持。对进出口粮食运输方面采取便利简化政策，如留样放关、一站式通关等。

3. 推进中国与粮食进出口国家检验检疫标准的互相认证。中国进出口粮食检验检疫标准要尽快与国际接轨，以促进粮食国际贸易便利化。一是完善中国进出口粮食检验检疫法律法规体系。完善修订有关进出口商品检验法律法规，规范进出口粮食取样制样方法、检验方法、检验规程。二是构建中国进出口粮食检验标准体系。推动中国与粮食进出口国实现进出口粮食检验检疫互相认证，简化流程。

四、提供优质服务

1. 充分发挥"农业对外合作部级联席会议"作用。农业农村部牵头的农业对外合作部际联席会议，建议围绕实施乡村振兴战略、服务"一带一路"建设和外交大局，加快建立健全农业和粮食企业"走出去"规划体系、支持政策体系、企业信用评价体系、人才队伍体系、公共信息服务体系五大保障体系，统筹利用国内国外两个市场两种资源，强化投资贸易协同，不断提升我国农业和粮食企业的国际竞争力、市场控制力和影响力。

2. 完善政策搭建平台，建立健全长效机制。中粮、黑龙江农垦、益海嘉里、嘉吉等集团将俄罗斯、乌克兰等东欧国家，埃及等非洲国家视为重要的粮食种植基地，中国粮食企业普遍反映，在投资中面临来自国内外企业在相同投资目标地日趋激烈的市场竞争，并存在哄抬地价、扰乱市场秩序等恶性竞争的问题。据此，建议政府完善政策措施，搭建平台，引导粮食企业有序"走出去"。一是完善和优化支持粮食"走出去"政策，为"走出去"粮食企业提供税收、金融、信贷、外汇等方面优惠政策。二是搭建资源信息等平台，有序引导粮食企业"走出去"，避免中国粮食企业在国外市场恶性竞争。三是建立沟通联系机制，加强国家与国家之间、政府与政府之间、政府与企业之间、企业与企业之间的交流互通。

3. 加强国外信息服务，以利于"走出去"粮食企业决策。对国外信息掌握不够，是影响粮食企业"走出去"的重要因素。建议政府强化国外信息服务。一是加强服务粮食企业"走出去"机构职能。有关机构要统筹外交、农业、商务、海关、税务等部门海外信息资源，为"走出去"粮食企业在金融支持、风险评估、争端解决、法律保护等方面提供优质服务。二是充分发挥华人华侨的作用。通过与华侨企业合作，融入当地，开展属地化经营。

曾丽瑛 国家粮食和物资储备局副局长

2019 年 8 月 28 日

前　言

　　粮食人人必需，天天必需，是国民经济发展的基础。

　　党中央、国务院历来高度重视粮食工作，加强对粮食工作的领导。2019 年 3 月 8 日，习近平总书记在参加十三届全国人大二次会议河南代表团审议时发表重要讲话，明确指出："要扛稳粮食安全这个重任。农业特别是粮食生产对全国影响举足轻重。要立足打造全国重要的粮食生产核心区，在确保国家粮食安全方面有新担当新作为。"扛稳粮食安全这个重任，习近平总书记为新时代粮食工作指明了前进方向。2019 年 5 月 29 日，中央全面深化改革委员会召开第八次会议，审议通过了《关于改革完善体制机制加强粮食储备安全管理的若干意见》等 10 个文件。会议强调，粮食储备是保障国家粮食安全的重要物质基础，要以服务宏观调控、调节稳定市场、应对突发事件和提升国家安全能力为目标，科学确定粮食储备功能和规模，改革完善粮食储备管理体制，健全粮食储备运行机制，强化内控管理和外部监督，加快构建更高层次、更高质量、更有效率、更可持续的粮食安全保障体系。9 月 9 日，中央全面深化改革委员会召开第十次会议，审议通过了《关于实施重要农产品保障战略的指导意见》等 11 个文件。会议指出，要以保障国家粮食安全为底线，坚持数量质量并重，实施分品种保障，增加供给总量，优化供给结构，拓展供给来源，提高供给质量，加强农产品储备和加工业发展调控，健全农业支持保护制度，努力构建科学合理、安全高效的重要农产品供给保障体系。今后，保障国家粮食安全任重道远。

　　以史为镜，可知兴替。改革开放 40 年来，中国粮食流通体制逐步实现了从社会主义计划经济向社会主义市场经济转轨。粮食统购统销时期从1953年10月开始，至1985年1月结束。1978年以来，粮食采取渐进方式改革开放，经过粮食合同定购平价销售与议购议销时期（1985年1月至2004年5月），顺利走向了粮食市场购销时期（2004年5月至今）。粮食工作改革开放40年值得我们认真总结，做好这项工作具有重要的现实意义和深远的历史意义。

中国粮食经济学会是从事粮食经济和粮食政策研究的全国性、群众性社会团体，从1987年2月成立至今，向中央和地方政府有关部门、企业等提供建议和政策咨询服务，发挥着重要的智库作用。组织地方粮食经济学会，深入基层开展调查，研究粮食经济理论、粮食政策和粮食产业发展等问题，在粮食流通改革发展、保障国家粮食安全等方面发挥了不可替代的重要作用。

国家粮食和物资储备局2018年4月4日正式挂牌后，张务锋局长、曾丽瑛副局长和其他局领导对中国粮食经济学会工作多次作出重要指示。2018年12月14日，张务锋局长、曾丽瑛副局长听取中国粮食经济学会工作汇报，张务锋局长要求，希望中国粮食经济学会今后按照局党组工作部署，主动作为，再创佳绩。

2019年初，中国粮食经济学会向全国粮食部门领导、专家、学者、粮食企业负责人和职工、粮食相关机构等约写专题稿件，总结粮食工作改革开放40年经验。现在，将稿件精选后结集出版，具有一定史料价值。同时，作为一份礼物献给新中国成立70周年。

新时代，新作为。我们要深入学习贯彻习近平新时代中国特色社会主义思想和党中央决策部署，增强"四个意识"，坚定"四个自信"，做到"两个维护"，不忘初心、牢记使命，积极做好本职工作，充分发挥智库作用，为确保国家粮食安全作出新的贡献。

中国粮食经济学会

2019年9月10日

目　录

牢牢掌握国家粮食安全的主动权

白美清　国内贸易部原副部长兼国家粮食储备局首任局长
中国粮食经济学会原会长

一、改革开放是解决中国粮食问题的根本出路

1978 年党的十一届三中全会以后，在党中央、国务院的领导下，全国粮食行业和全国人民一道，高举中国特色社会主义伟大旗帜，坚定不移实行改革开放，在粮食工作上取得了史无前例的成就，主要表现在以下两个方面：

在粮食生产上，推行了改革开放的一系列新政，调动了种粮农民生产的积极性，改变了粮食生产多年徘徊不前的状况，夺得了粮食大丰收。全国粮食总产量从 1978 年的 3 亿吨上升到 2013 年的 6 亿吨，整整翻了一番，达到了历史最高水平，增产幅度之大是前所未有的，结束了粮食短缺、低标准瓜菜代的局面。

在粮食流通上，根据党中央、国务院关于粮食商品化、经营市场化的指导思想，彻底改革长达 30 多年"统购统销"这个计划经济的最后堡垒，在我们这个有 13 亿多人口的大国，顺利实现了向社会主义市场经济的平稳转型，结束了"凭票供应""短缺经济"的历史，确保了全国人民的粮食供应，成功地解决了人民的吃饭问题，为我国人民安居乐业创造了良好的环境。粮食市场的放开经营、放开价格，使中国粮食市场成为

世界粮食名品的荟萃之地，从而带动整个消费市场的繁荣与发展。

我是一个"老粮食"，从我的切身经历中深深感到：改革开放是解决中国粮食问题的根本出路。改革开放40年，是中国粮食工作的黄金时期，它在中国粮食发展史上写下了光辉的一页，并为全世界作出了自己的贡献。

中国的粮食流通体制改革，深刻总结了历史的经验教训，立足国情，符合民意，顺应时代发展潮流，掌握战略机遇，在世界粮食界创造了奇迹。据我了解有以下两个亮点：

第一，建立了符合中国国情的粮食储备体系。从改革初期，就着手建立和完善中国的粮食储备体系——以中央储备为核心、地方储备为支柱、社会储备（企业、农民储备）为基础的三级储备体系，并建立粮食省长负责制和地方首长负责制作保证，成为国家对粮食宏观调控的主要抓手和基础。目前不仅储备的规模大，数量居世界首位，而且在科学保粮、轮换更新、建立智能粮库等方面均有创造，正向生态储粮与互联网联系等方面迈出新步伐。在储粮的理论研究中，我国粮食界学者根据马克思主义再生产理论中关于生产、交换、储备、消费四个环节互相联系的观点，分析粮食商品流通的特点，在理论上对粮食储备的认识深入一步，这也是世界粮食行业专家关注点，对于提高我们对粮食经济学的深入研究有启发作用。

第二，建立了符合物流规律的粮食市场体系。"统购统销"时期，按行政区划组织调拨、供应（由行政上的粮店按区分户凭证供应）瓦解以后，我们建立了以国家粮食期货交易所、国家粮食批发市场为核心，以各级粮食批发市场、多种类型的集市贸易为支柱，以超市、零售商店、商贩为基础的粮食市场体系，指导思想上实行"总量平衡、适量储备、掌握批发、放开零售"，多渠道、少环节、低成本搞活粮食流通。经过几十年的努力，逐步趋于完善。我们坚持市场"三公"（公开、公平、公正）规范运行，透明无私，依法治市。这样就使全国粮食市场放开以后，活而不乱，有序进行。我国的粮食期货交易所（如郑商所、大商所、上交所）都是 20 世纪 90 年代以后建设起来的，当时是全国的第一批商品期货交易所，现在已跻身于世界几大交易所行列。我们用 30 多年时间赶上了西方交易所百年走过的路。现在，我们的"放心粮油（中国好粮油）"全产业链已全覆盖整个城乡包括边远地区、民族地区，几十年来历经重大灾害、世界粮食危机、"非典"等的冲击，均平安度过，安然无恙，证明这一体系是有效的、成功的，受到世界粮食同行特别是发展中国家的关注。我们将继续改进，提升到新的水平。

二、高度重视新时期国家粮食安全

当前，我国粮食工作走进新时代，进入新的转折期、发展期，担负着维护 13 亿多人口粮食安全的重大责任。我们一定要清醒地认识到，粮食足，则天下安，粮食安全是国家的战略问题，事关全局，决不能有丝毫的松懈，必须做到万无一失。目前，我国粮食总体上供应充足，价格基本稳定，有能力、有信心、有实力保障国家粮食安全。但是，也要看到粮食增长后劲乏力，进口增多，自给率下降，不稳定、不安全的因素日益增多。随着我国人口增多，城镇化水平不断提高，对粮食的需求日益增长，质量要求日益提高。而粮食生产受自然条件、生产要素的制约，不可能、也不会像工业产品生产那样直线上升、长期上升；我国耕地保护、职业农民培育、粮食优良品种的选育、支农工业体系和科技体系的建设等关键问题都没有很好解决。而且经济全球化后，我国的跨国大粮商还不够强大。"三农"问题是"四化"建设的薄弱环节，粮食生产更是难点与弱点。如今人们过惯了丰衣足食的太平日子，节粮爱粮、惜土如金的传统不断淡化。"农业是国民经济基础，粮食是基础的基础"，这是真理。在任何时候、任何情况下，千万不要忽视粮食安全，要确保中国人的饭碗牢牢端在自己手里，装上中国粮。要把粮食生产列入乡村振兴战略的重要议程，一抓到底。这是"老粮食人"的经验之谈，也是全国人民对农业、粮食系统的衷心期盼。

三、传承粮食优良传统，培育粮食企业文化，育新人、创新业

面临新时代的新任务，我国粮食系统要在习近平新时代中国特色社会主义思想和党的十九大精神指引下，大力培育熟悉新时代粮食业务、具有良好政治素质、业务素质的人才队伍，培养新长征中能打硬仗、打胜仗的"粮食铁军"，构筑起维护国家粮食安全的"钢铁长城"，这是粮食行业的百年大计。

当前，重要的是在粮食行业传承"以民为本、诚信为本"传统理念。民以食为天，粮食这个商品是关系人民健康的第一商品，粮食行业是最古老、与民生休戚相关的行业。我们历来认为，粮食，一要有良心，二要务实。粮食行业是良心行业，粮食经营者是有良心之人。我国粮食行业历来有两句话引以为行业共识、行动指南，即"天下粮食是一家，天下粮食为大家"。前者讲的是，粮食行业内部要亲如一家、团结互助、共同创业。后者则是说，粮食要为"大家"，为民众、为国家、为天下黎民服务，在服务中求生存、谋发展。这与社会上流行的"为我""为私"的腐朽世界观是根本对立的。正是这种"为人民""为大家"的思想扎根华夏大地、世代传承，才使中华民族屹立于世界强国之林，才能使粮食这个古老行业持久不衰，紧跟时代步伐，赢得国家和人民的信赖。

现在，粮食流通行业的各个部门、各个企业、各个环节，都担负着比过去更为复杂、更为艰巨的任务。全国 13 亿多人口的粮食安全供应任务压在我们身上，党、国家、人民对我们寄予厚望。社会上各种不正之风也时刻侵蚀着我们的队伍。我们一定要坚持不懈地进行核心价值观教育，并与传承粮食行业的光荣传统相结合，教育中国粮食人遵守法律法规、行规行约，"遵法、厚德、尚智、为民"，恪守社会公德、职业道德、

家庭美德、个人品德，树立行业新风尚。

总之，中国粮食行业、粮油企业、粮食队伍一定要有中华文明、中华文化的厚重底气，有与广大人民血脉相连的厚实底气，有敢为人先、开拓未来的雄心豪气，高举习近平新时代中国特色社会主义思想伟大旗帜，苦干、实干、巧干，切忌沾染浮夸之风，坠入腐败之门，团结一心，奋发努力，夺取新长征中的新胜利。

扛稳粮食安全重任　树牢绿色发展理念

高铁生　国家粮食储备局原局长
　　　　中国储备粮管理总公司首任总经理
　　　　中国粮食经济学会原名誉会长

2019 年 3 月 8 日，习近平总书记在参加十三届全国人大二次会议河南代表团审议时，就实施乡村振兴战略、做好"三农"工作提出明确要求。讲到要扛稳粮食安全这个重任，确保重要农产品，特别是粮食供给是实施乡村振兴战略的首要任务。习近平总书记指示我们要树立绿色发展理念，推动生产、生活、生态协调发展，扎实进行农村人居环境的三年整治行动，加强农业生态环境保护和农村污染防治，统筹推进山水林田湖系统治理，完善农产品产地检测网络，加大农业治理力度，完善农产品原产地可追溯制度，完善质量安全制度，保证让老百姓吃上安全放心的农产品。今天的研讨会应当贯彻上述指示精神，以绿色粮食消费为起点，反弹琵琶促进绿色粮食流通、绿色粮食生产，最终推动形成绿色粮食产业经济，从而促进我国粮食可持续发展。

2017 年 9 月，国务院办公厅《关于加快推进农业供给侧结构性改革大力发展粮食产业经济的意见》指出：要以绿色粮源、绿色仓储、绿色工厂、绿色园区为重点，构建绿色粮食经济体系。我认为这一论述非常重要。我们要认识到发展绿色粮食经济是一个产业体系的概念，涵盖整个产业链和供应链。这个问题说到底，涉及粮食经济能否公平、科学、永续发展的问题。

我们应当看到，人类目前的粮食生产、流通、消费的方式是不可持续的。我们必须解决这个问题，使粮食从生产到流通，再到消费，能以一种可持续的方式运行。

从全球来看，现在粮食经济运转的方式包括消费的方式有违不同国度、不同阶层的公平原则，也有违代际公平。它以牺牲环境为代价也是不可持续的。此外，我们现在的粮食消费方式也是不科学、不健康的。

如何实现绿色粮食经济的发展，我觉得可以从国内和国外两个方面来讨论这个问题。

从国内来讲，第一，要树立新粮食安全观，"以我为主、立足国内、确保产能、适度进口、科技支撑"。这其中就蕴含了绿色发展理念。比如要以我为主立足国内，不过度依赖其他国家，不去与其他国家争资源。同时，也意味着不要过度消耗世界资源，不要破坏环境，而要充分发挥科技对粮食的贡献程度。现在，中国老百姓不但要吃饱、吃好，还要吃得安全有营养，还要以不透支资源和自然环境为前提。也就是说，要吃饱吃好还要不违反国际公平、代际公平，让世界不同国度、不同阶层公平地享有粮食生产的资源和粮食生产的成果。

第二，要杜绝粮食经济各个环节的浪费。我觉得中国粮食浪费表现在生产、流通、消费各个方面。目前，在粮食生产中，土地、水资源、种子、化肥、农药的浪费是十分严重的，还有粮食过度加工造成的浪费。应当说，粮食加工企业为维护粮食安全，为提高老百姓的生活水平作出了很大的贡献。但是，在满足消费者需求的同时，如果不能避免对粮食过度加工，既是一种浪费，同时对消费者的健康也没有任何益处。

此外，还要减少粮食物流中的浪费。中国粮食物流成本高企浪费严重，与发达国家相比有很大差距。其中的浪费令人痛心，这包括粮食仓储浪费。粮食储备对确保国家粮食安全无疑是非常重要的，但并非储备越多越好。但到底储备多少为宜？这个问题应当认真研究、准确把握。联合国粮农组织提出的粮食储备安全系数是 17%~18%，那么我们从国情出发应当定一个什么样的比例？在这方面恐怕要克服部门狭隘观念，不能搞多多益善。粮食安全系数过高，也是浪费，会大大加重我们粮食安全的运行成本。

还要努力使粮食储备品种结构更加合理。现在我们往往遇到这种情况，即企业需要的粮食，粮食储备库里没有，而粮食储备库里面的"大路货"，企业不需要。现在一些品种粮食积压严重。为什么积压？一方面，我们的粮食价格高，国外同品种的粮食价格低，有价差的原因。另一方面，是供需"错配"。以玉米为例，收的玉米是喂给大猪还是小猪？大猪和小猪吃的是不一样的，所以，你收的和存的粮食应当与企业的需求很好地匹配衔接，要解决粮食供给侧结构不合理问题。否则，货不对路导致的浪费是非常大的。还有消费中的浪费已广为人知，这里就不多说了。

我认为在开展粮食库存大检查时，很有必要认真"查找"我们在政策方面有哪些失误。政策方面的失误造成的浪费是很严重的。比如玉米临储政策是 2008 年出台的。到 2012 年的时候，供求形势已经逆转，这个政策应该调整了。但是，一直拖到 2016 年积压问题突出时才被迫调整，而此时造成的损失已经非常严重。实际上，任何政策都会存在一个有效期，到了一定拐点，就应当调整。但是，我们出台政策时，往往没有规定进行政策调整的数量和价格指标，没有人追踪政策效用什么时候已经到头，甚至没有规定哪个单位对政策调整负有责任，更没有对政策调整滞后的责任进行追究。所以，摆在表面上的浪费要解决，那些政策失误造成的深层次的浪费更要解决。

第三，粮食流通方式落后，匹配机制效率过低。我们需要高效精准的产销匹配。我们要充分利用互联网、大数据帮助农民解决粮食买卖难的问题，这是实践问题，也是理论问题。但是，这个问题没有得到很好的解决。

我们比较好地解决了工业品下乡的问题。但没有解决农产品的上行问题。这个问题，电商出现之后有所缓解，但是，尚未从根本上解决。现在，我们有了互联网、大数据、人工智能这样一些技术手段，应当用来很好地解决农产品包括粮食的产销匹配的问题。

第四，充分利用高科技推进绿色经济发展。比如在海水稻种植、无土栽培、基因测试、人造食品等领域进行探索、创新。当然，还应该培育树立绿色经济发展的典型企业，用典型引路推动绿色粮食经济的发展。

从国际范围来看，绿色粮食经济发展亦有很多的问题有待解决，以便充分利用各国的粮食生产资源，造福世界人民。当前，一些国家对粮食生产资源过度开发利用；而有些国家资源利用则严重不足。如果我们能合理地利用世界粮食土地资源、水资源、科技资源，那么满足现在 70 亿人口的吃饭应当是不成问题的。

与此同时，我们有必要建立国际范围内粮食消费的平等观，解决发达国家过度消费和一些发展中国家消费不足的矛盾。

第一，有必要推动建立世界粮食共同储备制度。在粮食储备方面，也存在储备和利用的"错配"问题。即有些国家在粮食储备紧急情况下不敷所需，而有些国家常年备而不用。通过互联互通、余缺调剂，可以提高粮食储备利用效率，降低储备成本。现在，世界粮农组织有一个统计，全世界粮食储备有多少，各个国家有多少，但是，没有互联互通。如果解决了互联互通，利用率就会显著提高。中国是世界粮食生产大国同时也是消费大国，又是个负责任的大国，有必要率先在世界粮食领域倡导建立共同的粮食储备制度。

第二，应当倡导建立健全全球绿色粮食发展的高效协调机制。通过建立健全这样一个机制，可以更加有效地解决当前世界粮食生产流通消费领域存在的一些错综复杂的问题，从而真正实现粮食经济的绿色、公平、科学和可持续发展。

粮食从统购统销到购销市场化的回顾与思考

赵凌云　国家粮食储备局原副局长

中国粮食经济学会原副会长

从 1953 年制定和实施粮食统购统销政策，以及以后对政策的调整，经过 50 年的风雨兼程，到 2004 年才实现粮食购销市场化的巨变。这是新中国成立 70 年来粮食工作最主要的历史进程，值得回顾与思考。

一、粮食统购统销政策的制定和实施

我国人口多、耕地少、抗灾能力弱、粮食生产水平低下，保证粮食供给十分困难。1953 年，全国人均粮食占有量只有 284 公斤。国家要进行大规模的经济建设，社会对粮食需求量急剧增加。同时，一些私商与国营粮食部门争夺市场，粮食市价波动，致使国家粮食收购量大大减少，销售量却不断增加，粮食供求矛盾日益尖锐。

为妥善解决粮食问题，保障军需民食，支持国家经济建设顺利进行，在农村实行粮食征购，在城镇实行粮食配给是势在必行的最佳方案。方案经中央批准后，中共中央立即发出《关于实行粮食的计划收购和计划供应的决议》，政务院发布《关于实行粮食的计划收购和计划供应的命令》。党中央在《关于统购统销粮食的宣传要点》中指出：实行统购统销的目的，在于保障全国城市、农村人人有饭吃，保障国家按过渡时期总路线实行经济建设。

粮食统购统销政策，包括计划收购、计划供应（简称统购统销）、国家严格控制粮食市场和中央对粮食实行统一管理四项政策。文件规定：农民要把大部分余粮卖给国家；城镇居民口粮实行凭票证低标准定量供应。社会用粮以及农村缺粮人口所需的粮食由国家供应，粮食购销价格由国家制定。

二、粮食统购统销政策的作用和弊端

粮食统购统销政策实施后，国家能按计划征购到必要的粮食，比较合理地保证了社会各方面的最低需要，对维护国家粮食安全，安定人民生活，保持市场粮价稳定，支持农业生产增长，促进国民经济发展等方面起到了举足轻重的作用。特别在发生较大自然灾害、国民经济遇到严重困难和挫折时，粮食统购统销的作用更显突出。在 20 世纪 60 年代"三年困难时期"，中央及时从各地调集粮食，保证城乡人民的粮食供应。在"文革"动乱期间，由于坚持统购统销政策，才使粮食供求在紧张中勉强维持平衡。

但是，在实行统购统销政策过程中发现不断出现弊端，有的还很严重。主要是：

（一）管得过多，统得过死

在粮食短缺的情况下，以行政手段对粮食流通管得过多，统得过死；结果是越统越少，越少越统，形成恶性循环。致使 1978 年以前的 20 多年里，大多数年份人均粮食占有量在 300 公斤以下。实践证明，粮食统购统销政策的实施，是影响粮食产量没有大的突破的重要因素之一。

（二）统购中的强制手段

在统购初期，经常发生一些地方强制统购，有的还购了"过头粮"。20 世纪 50 年代就发生了两次严重的购"过头粮"事件。第一次是在

1954 年，比上年多购 70 亿斤，搞得 1955 年上半年"家家谈粮食，户户谈统购"。第二次是高估产导致高征购。1958 年本应是丰收年，但因大批劳动力去大炼钢铁、兴修水利等，导致丰产不能丰收。仅河北省就丢、烂、糟粮食 300 多万吨。当年曾公布全国粮食总产量为 3.75 亿吨，依据此产量导致了高征购。经过核实，虚报粮食产量 88%。1958~1961 年，年平均粮食产量比 1957 年减少一成半，而平均年征购粮食则比 1957 年增加 351 万吨，其中 1959 年征购占总产量的比例高达 35.7%，是粮食短缺时期最高比例。1958 年、1959 年两年多征购贸易粮 200 亿斤左右。农村留粮大幅减少，平均每人年粮食占有量由 1957 年的 294.5 公斤下降到 1960 年的 214.5 公斤，有些地方发生饥荒现象。为解决购"过头粮"问题，国家千方百计筹粮，向农村返销粮食。据统计，1959~1961 年每年向农村返销粮食 1822 万吨，占这三年平均征购量的 34.4%。

1979 年以后，粮食产量增长速度加快。到 20 世纪 90 年代中期，人均年粮食占有量接近 400 公斤，群众的温饱问题已基本解决。但由于市场价仍高于定购价，农民不愿交定购粮，想到市场卖高价。不少地方政府和国有粮食部门的定购任务难以落实下去，无奈采取两种办法：一是平均分配任务。不少地方不论是否种粮户，不管有无余粮，都按承包土地面积或农户人口平均分配定购任务，结果出现定购任务畸轻畸重，有些农民的自产粮全部用于缴纳定购任务、税费和提留，有的农户甚至还要到市场买粮补交。二是强制手段。动用一切手段，强制交粮。如强迫农户到乡政府（公社）参加"学习班"，直到交了粮才让回家；到家强行拿走财物顶替等。用强制手段搞征购，严重损害国家与农民的关系，也挫伤农民的生产积极性。

（三）粮食购销价格严重扭曲

由国家确定的粮食统（定）购价格定得过低，导致价格背离价值，并与供求关系脱节。到 20 世纪 90 年代初，市场价还高于定购价 1 倍左右，这不同程度地影响了发展粮食生产、活跃流通和适度消费，损害了农民的利益。

1965 年以后，城镇统销价连续 25 年未作调整，造成粮食购销价格倒挂，助长了粮食消费和浪费，加剧了粮食供求矛盾。而国家财政的价格补贴急剧增加，1979 年 56.6 亿元，1990 年 242.7 亿元，12 年增加了 3.3 倍，财政不堪重负。

（四）粮食集市贸易时开时关

在"文革"时期，粮食集市贸易甚至全部被关闭。由于群众需要有粮食余缺调剂的平台，造成"黑市"此起彼伏。农民在"黑市"上卖一点高价粮，解决治病等用钱，就会遭到没收和批斗。

（五）实行中央集中统一的粮食管理体制

此体制影响了地方的积极性。

三、粮食统购统销政策的调整和改革

在实施粮食统购统销政策过程中不断出现的问题，应该及时加以解决。但由于国内政治、经济形势紧张和粮食长期短缺，再加上国家财政困难，只能审时度势、循序渐进地进行调整。总的改革走向是逐步缩小粮食计划管理范围，扩大市场调节比重，增加农民收入，调动农民种粮积极性，促进粮食生产的发展。党的十一届三中全会以后，加速了改革的步伐，经过粮食购销、价格"双轨制"，并朝着全面购销市场化奋力前行。

（一）缩减统购统销范围

在统（定）购方面，一是稳定农民负担。20 世纪五六十年代，国家曾两次对种粮农户进行定产、定购、定销（简称"三定"），一定三年不变。1965 年把粮食征购任务确定为征购基数。20 世纪 70 年代又定为一定五年不变。二是改变收购办法。1985 年中央决定取消统购，实行合同定购。历经 32 年的粮食统购本应就此结束，遗憾的是当年就发生粮食严重受灾减产，定购任务只完成74%。1986年中央又明确合同定购既是经济合同，又是农民应尽的义务，必须保证完成。1990年改为国家定购。1993年曾实行保留定购数量，价格随行就市，粮食改革大大前进了一步。但1994年粮食减产两成半，市场粮价波动，就又恢复作为国家下达的收购任务，是农民应尽的义务。可以看出，这实际上是对缩减后的收购任务，仍然复归了统购时低价强制的特点。三是8次调减征购基数和统（定）购等任务。从1985年取消定购时的7900万吨，到1987年减到5000万吨，调减36.7%。这使农民有更大的空间卖高价粮，增加农民收入。四是国家采取以高于定购价的多种办法收购。1986年国家规定在合同定购任务以外，从各地议价收购的粮食中上交国家1850万吨（即"议转平"）；接着又改为除小麦外，都以"议转平"收购方式完成。并在定购以外实行国家委托代购，按不超过原超购价收购，以增加农民收入。

在粮食统销方面。三年困难时期，因无力落实原定的城乡口粮标准，中央决定压缩粮食销量，一是降低城乡口粮标准。1960年中央决定将农民口粮降到每人年150~200公斤或以下。城市居民的口粮定量标准，每人月平均降低1公斤。并动员群众大搞瓜菜代，弥补口粮的不足。二是减少城镇人口。1961~1963年和1972~1976年，中央采取减少城镇人口和精简职工等重大措施，平均年精简职工和减少吃商品粮人口近千万人，减少粮食销量。

（二）理顺粮食购销价格

在粮食购销市场化以前，几乎年年都在理顺价格。采取的措施名目繁多。综合起来有提价、放价、限价、补贴等十几种。通过交替、重复几种措施同时使用等方法，使统购统销价格得到直接或间接的提高，逐步向市场价格靠拢。

1. 提高统（定）购价格。几十年来，先后20多次提高粮食统（定）购等价格，并采取奖售以及用化肥、柴油和预付定金"三挂钩"的实物平议差价补贴等办法，作为提高价格的补充。党的十一届三中全会以后，加速了粮价改革的步伐。1994 年和 1996 年最后的两次提价，提价幅度正好 100%；国家确定的定购价格和以后的保护价，既高于生产成本，也高于市场价格，增加了农民收入，刺激粮食生产的快速发展。

2. 调整统销价格。1992 年提高城镇统销价，实现购销同价，1993 年放开统销价，随行就市。但是统销时运用的购粮凭证还没有完全取消，直至 2001 年，国家粮食局决定不再办理市镇粮食供应转移证明，统销才算彻底退出历史舞台。

（三）开放集市贸易，发展多渠道经营

1979 年后，中央决定恢复粮食集市贸易，国家粮食部门也开展了粮食议购议销业务。从 1983 年开始，实行以主渠道为主的多渠道经营。同时，"米市"、粮行、粮油交易所、贸易货栈、批发市场也相继恢复、建立和发展起来，形成粮食购销价格"双轨制"。但仍规定农村粮食市场在征购期间坚决关闭，征购结束后再开放，并要加强管理，严格控制。

（四）进口粮食

新中国成立初期，尽管粮食形势比较紧张，但还要出口粮食，1958~1960 年平均年净出口粮食 316 万吨，比 1957 年增加 64%。更加重了国内粮食供给困难。直到 1961 年，中央才开始净进口粮食。从 1961~1985 年平均每年净进口 420 万吨。虽然进口的粮食只占需求总量的很小一部分，但国家能够集中掌握一批粮源，对于缓和粮食供求矛盾，保证城乡粮食供应，稳定市场价格起到积极作用。

（五）处理好中央和地方的关系

粮食统购统销初期，实行集中统一的粮食管理体制，粮权集中在中央。1958 年曾一度实行购销差额管理、调拨包干的办法，把一部分权力下放给地方。但是由于以后几年调度粮食困难，又恢复实行"四统一（购销调存）"的中央集中管理制度。从 1982 年起，才改成粮食购销、调拨包干一定三年、五年的办法，由中央和省两级管理粮食。1994 年以后实行中央统一领导、地方分级负责的管理体制和粮食省长负责制，发挥

中央和地方管理粮食的两个积极性。

（六）建立国家储备粮

党中央、国务院历来重视建立国家粮食储备。从新中国成立初期到20世纪80年代末，曾4次建立储备粮，但都用于弥补国家粮食收支缺口；到20世纪70年代只拥有极少量的国家储备粮和战备粮。

1990年粮食产量创历史增产最高纪录。为解决农民"卖粮难"，中央决定建立国家专项储备粮制度，要求在完成定购任务以后，由国有粮食收储企业按国家规定的保护价敞开收购农民余粮，建立国家储备粮。接着，各省（自治区、直辖市）相继建立地方储备，从此形成以国家储备粮为中心，包括国家、地方、农村集体和农户储粮的多层次粮食储备体系。再加上国家粮食库存、企业库存，全国总存粮达到较高的水平。提高了粮食宏观调控能力，夯实了国家粮食安全的基础；在吞吐余粮、稳定市场、平抑粮价、救灾扶贫、保证军需民食等方面起到了关键性作用。

四、实现粮食购销市场化

党的十一届三中全会以后，由于推行家庭联产承包责任制等生产关系和生产力的政策调整，增加农业生产投入，加上粮食流通管理体制的不断调整和改革，调动了农民生产积极性，粮食产量增长很快。到20世纪90年代后期，粮食供需实现总量基本平衡，丰年有余。群众吃粮从低标准定量供应型向讲究营养、安全的小康型发展。粮食库存和国家储备充裕，宏观调控能力增强，粮食市场价格稳定，国家粮食安全不断巩固和提高。粮食购销市场化改革的条件已基本成熟。2004年，国务院决定全面放开粮食收购市场，实现粮食购销市场化和市场主体多元化。

五、粮食从统购统销到购销市场化的思考

(一) 粮食的重要性

粮食是人类最基本的生活资料,是关系国计民生的战略性商品。从困难时期走过来的粮食工作者,对广大群众"低标准、瓜菜代"甚至忍饥挨饿的生活,以及粮食短缺时工作的艰辛深有感触,始终不能忘怀。几十年的实践,也充分说明了粮食状况如何,直接关系到社会安定、国民经济的综合平衡和市场稳定。一旦粮食供给出现问题,就会成为重大的政治问题。

新中国成立后,党和政府始终把粮食工作当作大事来抓。曾提出"全党动员,全力以赴"贯彻落实粮食统购统销政策。1960 年,党中央指出:"农业是国民经济的基础,粮食是基础的基础。"近年来,党中央一直强调把解决好"三农"问题作为全党工作重中之重,夯实农业基础、保障粮食的有效供给。总之,粮食问题须臾不能放松,国内可持续的粮食生产能力必须增强,有关粮食生产的一切措施,必须有利于调动粮食主产区和农民种粮的积极性;必须合理配置粮食资源,集中力量保重点,确保谷物基本自给、口粮绝对安全。

(二) 保障国家粮食安全

粮食安全事关国计民生、社会稳定和国民经济发展,是国家安全的重要基础。鉴于我国的国情和粮情,什么时候都不能轻言粮食已经过关。习近平总书记曾指出:"保障粮食安全是一个永恒的课题,任何时候都不能放松。"历史上曾经出现过当粮食丰收,库存充裕,粮食形势大好时,有的地方就会出现放松粮食生产、忽视粮食流通、淡化粮食安全意识等问题。1984 年和 1998 年粮食大丰收以后,曾有过两次公开宣布粮食"三年吃不完",不久就出现粮食全面紧张的情况。实践证明,在粮食安全问题上,要居安思危,警钟长鸣,始终绷紧粮食安全这根弦。

党中央对确保国家粮食安全曾作出一系列重要部署。除发展粮食生产外，一是要牢牢把握"坚持数量与质量并重"的安全战略要求。在过去的年代，整天为"吃饱"而奔走。现在人民的生活水平大大提高了，在满足粮食数量供给的同时，要更加注重粮食质量和食品安全，切实落实粮食从生产到销售各环节的质量安全监管责任，让人民吃得饱、吃得好、吃得放心。二是近 14 亿人的吃饭问题绝不能受制于人，中国人的饭碗必须紧紧端在自己手上。实现粮食基本自给，牢牢掌握粮食问题的主动权。三是积极利用国际粮食市场，通过适当进出口，进行余缺调剂和弥补国内部分品种供求缺口，同时又要防止冲击国内生产给农民增收带来的影响。

（三）粮食价格改革必须坚持由市场定价

在粮食购销市场化以后，粮食价格的改革主要是通过宏观调控等手段，针对性地解决各方利益关系问题，调整各种价格之间的比价和差价。既要处理好粮食自身的价格、价值和供求三者之间的关系，又要考虑到它对整个市场物价可能产生的影响。既要有利于促进生产，又要充分考虑国家财力、物力的现状和消费者的负担能力，还要照顾到粮食商业和工商行业合理的经济利益。

（四）加强宏观调控

从 20 世纪 90 年代起，逐步实现粮食管理体制从中央集中的计划管理向以经济手段为主，辅之以行政和法律手段的宏观调控转变。并在国家宏观调控下，实行粮食省长负责制，调动中央和地方两个积极性。

在转变过程中，使人们逐步认识到：市场经济有其本身的弱点，通常表现为自发性、盲目性和滞后性，需要政府进行必要的宏观调控，加以引导和纠正。

20 世纪 90 年代中期以来，在充分发挥市场在粮食资源配置中的决定性作用的同时，国家通过储备粮吞吐平抑粮价，出台最低收购价托市收购，以保护农民利益；综合运用"看不见的手"和"看得见的手"调控粮食市场。实践充分证明,排斥粮食市场的基础性作用不活,放弃对粮食市场的监管调控会乱,必须把两者有机结合起来,着力构建统一开放、完善功能、竞争有序、运转灵活的新型粮食市场体系。

2019 年,离开始实行粮食购销市场化又过去了 15 个年头,在这段时间里,粮食流通体制改革取得了更大的成就,粮食产量不断提高,粮食供应充足,价格总体稳定,宏观调控能力增强,国家粮食安全不断巩固和提高,人民生活更加美好。但是,在前进的道路上,都不能忘记过去走过的路。

粮食改革惠民生

宋廷明　国内贸易部外贷办原主任
中国粮食经济学会原副会长

从一定意义上说，粮食改革开放在国家改革开放中起了引领作用。解决中国人的吃饭问题，是历朝历代治国理政的重中之重。古语说："民以食为天，食以粮为本"，道出了粮食在保障民生中的重要地位和作用，是治国安邦的物质基础。粮安天下稳，是被历代社会实践反复证明了的真理。

一、深化粮改求温饱

1978年12月召开的党的十一届三中全会，是一次扭转乾坤的重要会议。为调动农村社队和农民种粮积极性，会议专门作出决议，将全国粮食统购价格从1979年夏粮上市起提高20%，在生产队完成国家征购任务以后，国家超购部分在提价的基础上，再加价50%，统算综合提高粮食收购价格42%；并决定将化肥等农业生产资料成本降低10%~15%，把降低成本的好处给农民。这样，极大地提高了农民种粮积极性。

后来，随着农村家庭联产承包责任制和撤社复乡等改革的普遍推广，中国粮食总产量由1978年的3亿吨增长到1984年的4亿吨，1996年达到5亿吨，2013年达到6亿吨，连续上了三个增产亿吨的大台阶。目前，中国粮食总产量维持在6.2亿吨左右，仍为世界上最大粮食生产国。

粮食连续增产，给降低粮食增购任务、减轻农民负担创造了物质条件。党的十一届三中全会以后，国家连续调减了对农民的粮食征购任务，从最高的年征购 2100 亿斤陆续减到 1800 亿斤、1500 亿斤、1100 亿斤，得到了广大农民的衷心拥护。与此同时，国家逐步放开了粮食市场，开始时以县为单位在完成国家征购任务后，粮食可以上市交易，突破了过去计划经济时代把粮食作为一类重要战略物资、绝对禁止上市的规定。2006 年，国务院决定取消农业税，并对种粮农民实行国家综合直补，受到了亿万农民的热烈拥护。

同时，党的十一届三中全会还决定国家每年进口 300 亿斤粮食（小麦）以保证城镇居民口粮供应，最高时曾达到年进口 440 亿斤小麦。年 300 亿斤的小麦进口量，相当于当时全国各大中城市居民的年口粮供应量，减少了对农民的征购任务，农民得到了休养生息的机会。

此外，在实行财政包干改革后，从中央到地方都加大了财政资金对粮食生产的投入，兴修了一批骨干水库、水利灌溉工程，普遍加强了农田水利基础设施建设，重点开启了黑龙江和黄淮海等商品粮基地建设，为实现粮食持续增产奠定了基础。

国家还特别重视研发和推广农业科学技术促进粮食增产。特别是通过大力推广湖南袁隆平培育的杂交水稻、李振声在河南培育的杂交小麦、山东李振海培育的杂交玉米，实现了粮食产量和效益双丰收。在此带动下，各地农业科研院所和涉农大专院校从本地气候、水土条件出发，相继培育出了许多适应当地种植习惯的地方粮食良种，在粮食增产中发挥了关键作用。

实际上，中国粮食连年丰收是"四靠"：一靠政策，二靠科技，三靠投入（财政），四靠进口。正是这"四靠"，保障了中国人由饥馑向温饱的革命性转变，是一个具有世界历史意义的伟大成就。

二、开放市场增活力

通过市场配置粮食资源，还是用行政手段配置粮食资源，是社会主义市场经济与计划经济的根本区别。改革开放以来，粮食行业始终坚持市场化取向的改革，取得了一系列重要进展。

一是 1984 年国务院决定取消粮食统购，实行国家合同定购。逐步缩小了粮食计划供应范围，取消了粮食凭票证供应制度，让城乡消费者自主进入市场选购粮油制品，以满足自己的个性化需求。其中，最重要的一项改革举措是在全国范围内取消粮油票证。在此之前，粮食行政主管部门曾作过多次研究，担心会出现抢购，曾打算以 1 斤粮票 1 角钱的价格把居民手中积存的粮票赎回。但一细算，需要国家财政为此支出 50 多亿元，而且过去国家曾明文规定，粮油凭证是无价证券，禁止买卖、赎回的办法有悖初衷。为此，转而默认让各省（自治区、直辖市）自主决策。1993 年 5 月，各地相继自行取消了粮油凭证，全国粮食市场波澜不惊，居民心态稳定，使市场的作用得到了充分发挥。

二是实行粮食政企分开、建立现代企业制度，着力提高经济效益。通过改革，使粮食行政管理机构的职能得到初步转换，国有粮食企业的富余人员得到精减。通过整合和纵向、横向联合，使得股份化、市场化、规模化的粮食企业集团开始形成，中粮集团等一批大型骨干粮油企业进入了世界 500 强行列，五得利集团产能跃居世界小麦粉加工企业首位，日加工小麦能力达 4 万吨，进一步打破了行政区域的制约，为按照经济合理的原则组织粮食流通、加工、储运创造了条件。

三是为了保护和支持粮食这个古老的弱势产业，国家在财政、信贷和税收等方面实行了特殊优惠政策。例如，中国农业发展银行成立于 1994 年，是我国唯一一家农业政策性银行，全力保障粮油购销的资金需求。同时，降低粮油流通和加工企业的增值税率，对居民生活必需的粮食、油料经营和加工产品降低进口税率，如大豆的进口税率仅为 3%，以充分满足国内对大豆油脂和饲料豆粕日益增长的巨大需求。

四是通过简政放权，使各级粮食行政管理部门更加精干、高效，促进了粮食行业健康发展。

五是在改革中建立和强化了各级粮食储备体系。中国除中央储备粮外，在绝大多数省（自治区、直辖市）、市、县建立了相应的粮食储备，为具体落实粮食省长责任制，确保国家粮食安全，作出了重要贡献。这一最具中国特色的粮食储备体系，也为世界粮食安全作出了特殊贡献，受到了世界各国特别是发展中国家的一致好评。

六是建立和健全了多层次、全覆盖、专业化的粮食市场体系，在规范粮食贸易、促进粮食流通、引导粮食产销等方面发挥了重要作用。1990 年，当时的国家粮食行政管理部门在相关单位的支持下，先改先试，率先在郑州建立了国内首个粮食期货市场，后来利用世界银行贷款粮食流通项目建设，进一步完善了上海、大连两个粮食期货市场，使现货和期货市场共同在粮食贸易中发挥作用。在现货交易方面逐步建立完善了 12 个国家级粮食批发市场，各省（自治区、直辖市）、市、县也相继建立了主要服务本地的粮食批发市场。至于各地粮食集贸市场和走村串户为种粮农民服务的粮食经纪人则遍布城乡各地，成为广受居民欢迎的市场主体之一。近年来，随着科技快速进步，粮油制品同城和异地网购、配送和直接送货上门等新业态迅速发展，为居民提供了十分便捷的服务，展现了新的发展潜力。

七是适时开放国内粮油市场，积极兴办外资企业。从 20 世纪 90 年代开始，首先对外开放了饲料和油脂加工行业，陆续兴办了一批中外合资、外商独资和中外合作粮油企业，吸引了嘉吉等四大国际粮商和正大饲料等进入中国粮油市场，给中国粮油行业注入了新的动力和活力，使中外粮油企业在同一市场平台上展开竞争，增强了中国粮油企业的核心竞争力，提高了粮油行业服务民生的整体水平。

三、基础建设现代化

在改革开放推动下，粮食流通基础设施改革建设出现了前所未有的蓬勃发展新局面，加快了整个行业现代化的步伐。此前，我国粮食流通基础设施陈旧落后，北方是靠人工搬倒的苏式房仓，南方则利用一些老庙宇和旧祠堂装粮，粮食抛撒浪费惊人，导致粮食流通成本居高不下。为了解决当时出现的农民卖粮难、国库存粮难、铁路运粮难的"三难"问题，粮食行业在国家的重视下进行了规模空前的粮食流通基础设施建设。

一是"三库"建设中首先建设了一批粮油库。"三库"是指粮油库、棉花果品库和猪牛羊肉冷库，都是当时粮食、商业、供销系统最急需的仓储设施。

二是18个机械化粮库建设。20世纪90年代初，经过粮食部门汇报争取，利用总理基金在全国粮食主产区建设了18个机械化粮库，为现代化粮库建设起到了示范作用。

三是利用世界银行贷款建设中国粮食流通项目。该项目经过认真准备和艰辛谈判，于1993年4月与世界银行达成协议，共建设粮食港口、中转和收纳库380多个，总投资82亿元人民币（其中中方配套资金占一半）规划建设了东北、长江、西南粮食流通走廊和相关示范库点，其中有6个内河粮食港口、两个海运粮食专用港口、64个粮食中转库、2400辆新式散粮运输火车皮，总仓容达480多万吨，是新中国成立后粮食系统首个国家重点建设项目。项目建成后，不仅对当时全国粮食物流发挥了重要作用，而且对今后的现代化粮库建设产生了深远的影响。

四是三批国债资金建设的国家粮食储备库。1998年以来，为应对亚洲金融危机，加强基础设施建设，保障国家粮食安全，国家利用国债资金分三批建设了国家粮食储备库，总投资343亿元，建设了1100多个粮库项目，新增仓容1000多亿斤，建设铁路专用线139条。同时，在东北地区建成了一大批烘干、地坪、罩棚等设施。

五是简易粮仓和临储设施建设。为了满足粮食存放之急需，在改革开放过程中还建立了一些简易粮库和临储设施存粮，如站台仓、席茓囤、罩棚仓和用苫布堆粮设施等，有效地缓解了粮食流通中的"三难"问题。

四、经验教训须吸取

改革开放是前无古人的伟大事业，没有现成的模式可以照搬，必须靠我们自己大胆探索创新。粮食是涉及全国 13 亿多人口吃饭的大事，必须慎之又慎，及时总结，认真吸取经验教训。我国粮食改革开放 40 年的实践，既积累了丰富的经验，又存在深刻的教训，可供今后引以为戒。

一是处理好政府和市场的关系，使市场在资源配置中起决定性作用和更好地发挥政府作用。粮食改革开放一路走来，最终确定了市场化改革和对国际市场开放的目标，走过了艰难曲折的道路。在粮源供应紧张时，我们最大的顾虑是市场供应脱销和国际产粮大国趁机卡脖子，强化了行政干预；在粮源相对过剩时，少数同志高枕无忧，沉醉于粮食三年吃不完的盲目乐观预测，导致市场粮价下跌。如何科学把握政府调控市场的度，一直是一个亟待解决的问题。时下粮食价格购销倒挂和国内国际粮食市场价格倒挂，出现了不少不法分子在我国南部边境地区走私大米等反常现象，需要引起警惕和努力克服。

二是必须全方位开放粮油市场，才能充分利用国际国内两种粮油资源，确保国家粮食安全。过去我们有两种担心：国家外汇储备不足影响粮食油料进口；世界主要产粮国在我国缺粮急需进口时卡住不向我国出口。实践证明，在世界经济全球化的今天，这两种担心均可化解。目前，我国外汇储备高达 3 万多亿美元，粮食进口外汇支付已不成问题；各粮食主产国产能充足，若个别产粮大国试图卡我国脖子，则大豆可转而主要从巴西、阿根廷进口，小麦可主要从加拿大、澳大利亚、法国进口，玉米可主要从乌克兰、俄罗斯等国进口，大米则可主要从东南亚泰国、柬埔寨、缅甸、越南进口，我们与这些国家进行正常的粮油贸易谁也无法阻挡。世界经济形势变了，我们的观念也必须更新和改变。

三是粮食行业是商品性和公益性相结合的特殊行业。粮油企业比普通企业承担了更多的社会责任，保本微利、平稳发展是其突出特点，在我国尤其如此。因此，粮油企业如何处理好公平和效率、公益与效益、企业利益与社会责任等看似矛盾、实则一致的关系，是全行业面临的新课题。尽管改革开放以来我们做了很多有益的探索，如何找到一条普遍可行的路子，仍需要继续努力不断探索。例如，当今世界上最大的粮食贸易加工企业美国的嘉吉公司、最大的粮食加工储运机械制造企业瑞士的布勒公司，都是有着百年历史的两个家族企业，它们既未向社会发行股票上市融资，也没有见异思迁转做其他行业，而是一心一意做好、做精粮贸和粮机本行。笔者曾与这两家公司的负责人讨论过为何不发行股票上市，他们的回答几乎相同，令我十分惊诧。他们说，粮食、粮机本身是个保本微利行业，不可能大起大落，如果上市融资，因利润规模有限，缺乏市场卖点和股市庄家炒点，很可能沦为市场垃圾股而被淘汰出局，被人恶意收购，使自身失去对企业的控制而变得一文不值，使家族历经奋斗积累的成果付诸东流。粮食、粮机产业的特点是不可能爆发式地增长，因为世界各国政府都致力于稳定粮价；但也不可能在一夜之间破产，因为粮食是世界上每个居民一日三餐不可缺少的主食。在灾年粮价上涨可能盈利丰厚，在丰年则会出现粮价下跌甚至企业亏损。但若十年平均，总会得到与同类行业相近的平均利润。

因此，这两个家族粮食、粮机企业，100多年来主要依靠自身积累稳步发展，终于雄居世界粮食、粮机行业首位。有研究指出，粮食企业很适于家族经营，虽不适合进入股市，但却最适合进入期货市场。因为期货不涉及企业股权交易，只进行企业经营的粮油品种的价格预测，可以有效发挥其发现价格、规避风险和引导产销的功能。外资粮油企业总结的这些特征，较好地体现了其企业的价值追求和社会责任，值得我们参考借鉴。

四是粮食政策出台必须充分考虑到政策的相关配套性和连续性。例如，为解决国有粮食企业人浮于事、富余人员过多的问题，从 1998 年开始决定下岗分流、减员增效，到 2018 年 10 月，全国粮食系统共分流职工近 300 万人，没有出现大的群体性事件，取得了很大成绩。但先后分流的粮食职工待遇差别大，粮食职工既作出了巨大奉献，又出现了新的分配不公。后来国家采取措施为下岗人员建立了社会保险，使这一问题得到了缓解，使下岗人员解除了就医、养老等后顾之忧。

五是粮油企业在市场经营活动中必须自觉遵纪守法。市场经济是法治经济，粮油企业在经营活动中必须自觉遵守世界贸易组织（WTO）规则和国内政策法规，严格依法依规办事，绝不能企图钻法律规则的空子，打所谓的"擦边球"，更不能知法犯法，把法律当儿戏。许多企业正是在生产经营活动中触犯了法律，给自身造成了不可挽回的损失。这些深刻教训值得认真吸取。

六是依靠科技进步开创企业生产经营新局面。过去粮油企业科技水平整体偏低，产品的科技贡献率也低于其他行业。粮油企业创新，重点在科技创新和管理创新，着力提高企业科技含量和产品科技贡献率，把粮油食品的传统工艺与现代科技有机结合起来，开创企业发展新方向。当前，传统主食（馒头、米饭、饺子、挂面、包子、杂粮制品等）产业方兴未艾，电子商务发展迅速，值得全行业高度关注。

七是不断更新观念，进一步解放思想。观念的更新是改革的先导，而解放思想是企业发展的不竭动力。长期以来，受计划经济体制的制约，粮食行业政企不分、以政代企的现象比其他行业更加突出，企业和管理人员观念滞后，不善于运用符合市场经济要求的新办法来管理企业。例如，过去粮食行业习惯于管控国有企业，对私营粮商、民营企业和外资企业管理不到位。实际上，在市场经济条件下，每个依法登记注册的企业，不论是国有独资、国有控股、中外合资、外商独资和民营、私营企业，都依法享有平等的国民待遇，都必须照章纳税，服从国家法规管理。更新了观念，我们就会如实地把非国有企业看成是合法的竞争对手和合作伙伴，实现从单纯管控国有企业到认真管理全行业粮食企业的根本转变。

改革开放 40 年与保障国家粮食安全

尚强民　国家粮油信息中心原主任
中国粮食经济学会副会长

1978 年，中国拉开了改革开放的大幕。40 年来，中国经济取得了巨大的成绩。从一个粮食工作者的角度看，40 年来改革开放取得的最大成绩之一，是城乡居民吃饭问题得到了根本性的解决，保障国家粮食安全水平明显提升。随着粮食供求形势的变化，以市场化为方向的粮食流通体制改革不断推进，改革为实现国家粮食安全提供了坚实的保证；在保障粮食消费总量不断增长的同时，适应粮食消费结构出现的巨大变化，不断提高国内粮食市场的开放程度，利用两个市场、两种资源，满足城乡居民消费需求；面对国内粮食市场出现的周期性波动，根据国内自然资源粮食供给将总体偏紧的判断，下大力气建立国家粮食安全保障体系，落实"以我为主、立足国内、确保产能、适度进口、科技支撑"的国家粮食安全战略，努力实现国内粮食供求再平衡。

一、改革开放以来，国内人均粮食产量持续增长，粮食流通体制改革不断深化，粮食供给安全状况发生了根本性的改变

民以食为天，吃饭问题是头等大事。长期以来，我国粮食供给处于紧张状态。根据国家统计局公布的数据，1978 年我国人均粮食产量只有637 斤。改革开放大大提高了国内粮食生产能力，到 2016 年人均粮食产

量增长至 894 斤，根本性地摆脱了国内粮食消费长期供给不足的困境。在粮食供给紧张到粮食供给充足转变的过程中，国内粮食流通政策进行着重大的调整，粮食流通体制改革为实现国家粮食安全提供了坚实的保障。

新中国成立之初，国内粮食供给严重不足，为此制定并实施了粮食统购统销政策。全国范围内有计划、有步骤地实行粮食的计划收购（简称统购）和计划供应（简称统销）。所有私人粮商一律不许私自经营粮食，但可在国家严格监督和管理下，由国家粮食部门委托代理销售粮食。在农村实行粮食统购统销，通过核定正常年景下产量，规定农民自己的用粮标准，核定的产量减去自用粮数量，按 80%~90% 计算出国家的统购数量。

1978 年党的十一届三中全会明确提出：在今后一段较长的时间内，全国粮食征购指标继续稳定在 1971~1975 年"一定五年"的基础上不变，绝对不许购"过头粮"。为了缩小工农业产品交换的差价，会议建议国务院作出决定，粮食统购价格从 1979 年夏粮上市时起提高 20%，超购的部分在这个基础上再加价 50%。从 1979 年开始，大幅度提高了粮食统购价格和超购加价幅度，调减粮食征购基数，开展粮食议购议销，恢复粮食集市贸易，逐步放宽农村政策，调动农民生产粮食的积极性。

1982 年开始，随着家庭联产承包责任制的推行，农村生产力迅速发展，全国粮食产量连续跨越 6000 亿斤、7000 亿斤台阶，1984 年粮食产量更是创下了 8000 亿斤的历史最高纪录，人均粮食产量达到了 788 斤，而且第一次出现了"卖粮难"。1983 年题为《当前农村经济政策的若干问题》的中央一号文件指出："对农民完成统购派购任务之后的产品（包括粮食，不包括棉花）和非统派购产品，应当允许多渠道经营。国营商业要积极开展议购议销业务，参与市场调节。供销社和农村其他合作组织可以灵活购销。农民私人也可以经营，可以进城，可以出县、出省。"

1985 年题为《中共中央、国务院关于进一步活跃农村经济的十项政策》的中央一号文件指出："粮食、棉花取消统购，改为合同定购。由商业部门在播种之前与农民协商，签定定购合同。定购的粮食，国家确定按'倒三七'比例计价（即三成按原统购价，七成按原超购价）。定购以外的粮食可以自由上市"，"取消统购派购之后，农产品不再受原来经营分工的限制，实行多渠道直线流通，农产品经营、加工、消费单位都可以直接与农民签定收购合同"，同时，"任何单位不得再向农民下达指令性生产计划。"

1985 年粮食产量下降 2820 万吨，降幅达 6.93%，是 1978 年以来降幅最大的年份。针对粮食产量下降和国家定购粮收购困难问题，采取了三方面对应和调整政策：第一，调低定购任务。第二，改变合同定购性质。第三，缩减平价粮食销售。1985 年粮食产量下降，供应立刻趋于紧张，市场价格大大高于合同价格，农民不愿把粮食卖给国家。在一些地方，合同收购变成了指令性收购，强调"合同就是计划"，采取了强硬的收购措施。1986 年对签订合同的农民按平价供应一定数量的化肥，给予优先贷款。1987 年规定"合同定购部分作为农民向国家的交售任务，要保证完成"。1989 年又规定将合同定购改为国家定购。

1989 年和 1990 年粮食播种面积连续增长，这是改革开放以来没有过的。1989 年粮食产量增长 1347 万吨，增幅为 3.42%，总产超过 1984 年，成为最高产量年份；1990 年再次增产 3869 万吨，增幅为 9.49%，是改革开放以来粮食增长幅度最大的一年。两年共增产 5000 万吨以上。1990 年农业生产全面丰收，不仅产粮区粮食积压，就是调入区也库满，农民手中的大量粮食难以出售。

1992 年，国务院决定在国家宏观调控下积极稳妥地放开粮食价格和经营，实行"保量放价"，即保留粮食定购数量，价格随行就市，建立粮食收购保护价格制度和粮食风险基金制度。国务院进一步强调坚持和完善粮食省长负责制，明确划分中央和地方粮食事权。

1991 年下半年至 1992 年，全国有 1000 多个县市放开了粮食销价。1993 年 4 月，全国 95% 以上的县市放开了粮食价格和经营。1993 年底，全国除 25 个县以外全部放开了粮食价格和经营，取消了实行 40 年的城镇居民粮食供应制度，粮票成为了收藏品。1993 年 2 月，《关于加快粮食流通体制改革的通知》提出"放开要统一政策，分散决策，分类指导，逐步推进，争取在二三年内全部放开粮食价格"，结果当年就开放了。

1993 年 10~11 月粮食平均价格由 0.935 元/公斤上升到 1.080 元/公斤，涨幅约 16%。一些城市粮价出现一日一变甚至一日几价情况，为改革以来所仅见。1994 年初粮价相对平稳，但 3 月以后重新上涨，6 月比 2 月上升了 25.7%。下半年涨势更猛，12 月粮价比 6 月上涨 31.8%。面对全国粮价波动，国务院决定对城镇居民口粮销售价格实行限价政策，有的地方恢复了粮本。1994 年国务院《关于深化粮食购销体制改革的通知》恢复了国家定购，强调国家必须掌握必要的粮源，粮食部门必须收购社会商品粮的 70%~80%，即 900 亿公斤左右的贸易粮，其中 500 亿公斤为国家下达的任务。1994 年下半年国家先后两次安排 100 多亿公斤专储粮在 35 个大中城市挂牌销售，各级地方政府也抛售了地方储备粮。

国务院决定从 1994 年 6 月 10 日起提高粮食定购价格，平均提高 45%。1994 年早稻收购开始，全国部分省份实行价外补贴政策，给予农民利益补偿。1996 年把粮食定购价格再次提高 40% 左右。实行省（自治区、直辖市）政府领导负责制。稳定粮食产量、稳定粮食库存，灵活运用地方粮食储备进行调节，保证粮食供应和粮价稳定。

1996 年国家提高粮食定购价格，幅度达 40%，当年粮食产量超过 5 亿吨，较上年增长 10.1%。1997 年定购价与市场价并轨，为保护农民利益，实行保护价并敞开收购。1998 年进一步深化粮食流通体制改革，建立和完善政府调控下的市场形成粮食价格的机制。2000 年进行农业和农村经济战略性调整，调整保护价收购范围。2001 年放开销区、保护产区、省长负责、加强调控。2004 年国务院出台《关于进一步深化粮食流通体制改革的意见》，决定在总结经验、完善政策的基础上，按照有利于促进生产、有利于种粮农民增收、有利于粮食市场稳定、有利于国家粮食安全的原则，全面放开粮食收购市场。提出深化粮食流通体制改革的总目标是：在国家宏观调控下，充分发挥市场机制在配置粮食资源中的基础性作用，实现粮食购销市场化和市场主体多元化，建立对农民直接补贴的机制，保护粮食产区和种粮农民的利益。

2004 年以来，为了促进国内粮食生产的稳定与增长，国家采取了历史性的政策措施，取消了农业税之后，实施以工补农的新政，向农民发放生产补贴，制定并实行了小麦、稻谷最低收购价和玉米、大豆等临时收储政策，实现了国内粮食产量连续 12 年增长。充足的国内粮食供给，为国内经济的快速发展提供了强大的物质保证，也使国内粮食市场在全球粮食价格剧烈波动时保持了基本的稳定。

2012 年国内粮食供求进入新的周期，粮食供给偏紧的状况发生了明显改变。在供大于求矛盾日益突出、粮食库存压力不断增加的状况下，2015 年开始提出农业供给侧结构性改革的意见，粮食流通政策开始了向市场化方向转变的调整。最低收购价格的弹性增加，玉米和大豆的临时收储政策不再执行，改为市场定价和直接补贴。到目前为止，粮食去库存取得了积极进展，粮食市场供求正在出现新的变化。

二、40 年来，国内粮食消费结构出现两个巨大的变化，在满足国内粮食消费多样性需求的过程中，不断提高国内粮食市场开放程度，有效地提升了国家粮食安全保障水平

国内粮食消费在总量持续增长的同时，消费结构也发生了巨大的变化。改革开放以来，国内粮食市场出现了称得上方向性、根本性、革命性的变化。第一个是发生自 20 世纪 90 年代中期的国内粮油消费结构的大变化，以大豆消费的快速增长为标志。当人们的口粮消费得到满足之后，人们消费肉禽蛋奶的数量增长。有很多人预见，粮食消费结构将出现变化，认为中国玉米消费量将明显增加甚至需要进口玉米。但实际的情况是，由于养殖方式出现革命性变革，在国内消费需求得到满足的同时，2007 年之前我国每年还需要出口一定数量的玉米，才能实现国内玉米市场平衡。而出乎预料的是我国从大豆出口国转变为世界上最大的油脂油料进口国，2017 年我国大豆进口量达到了 9554 万吨。国内巨大的食用油消费和蛋白粕消费需求，导致了国内粮食消费出现了一次具有革命性意义的巨大的结构性变化。我们每一个人都切身感受到了始自 20 世纪 90 年代中期的这一次中国国内粮油消费结构性变化，我们在消费着更多的肉、更多的蛋、更多的奶、更多的油，但是在变化出现的开始阶段，我们对于粮油消费结构变化的认识是不清楚的。国内大豆供给总量得以增长，是在国内消费结构发生革命性变化后所出现的强劲需求的拉动下和强大市场力量的推动下实现的。

国内植物油脂和肉禽蛋奶供给增加，在提高人们食品消费质量的同时，大大减轻了国内谷物需求压力。大约从 1996 年开始，国内粮食市场保持了长达十多年的供求平衡有余局面，国内三大谷物品种——小麦、玉米、稻谷，都出现过供大于求的情况。特别是 2012 年之后，当国际市场谷物价格大幅度下跌，国内外谷物价格出现明显价差之后，进口谷物大量进入国内市场，挤占国产谷物市场份额，导致了国内谷物供给压力不断增加。

中国粮食消费结构性变化所带来的影响是巨大的。中国进口大豆以及对其他油脂油料需求的出现，促进了出口供应国提升大豆、菜籽和油脂产量。南美和北美大豆产量大幅度增长，马来西亚和印度尼西亚棕榈油增产。事实证明，这一次中国粮油消费结构性的大变化，不仅没有给国际市场带来冲击，反而有力地活跃了国际油脂油料市场。

对国内的油料生产而言，廉价的进口商品大量进入，使国内消费增长应该给国内生产带来的促进作用大大减弱，国内价格上涨受到抑制，明显影响了种植者收益。客观分析，国内消费扩大而国内大豆或是油菜籽生产没有相应增长，有进口因素的影响，但根本还是受到国内资源禀赋不足的制约。按国内大豆单产水平计算，生产出相当于进口量的大豆，需要 7 亿亩以上的耕地，显然为满足国内养殖业需求和保证国内食用油供应，需要以开放的态度，积极地从国际市场获得国内需要的粮油商品。

在国内粮食消费结构第一个趋势性变化还将持续的情况下，第二个趋势性的变化又到来了。继以大豆消费快速增长为标志的消费结构发生重大变化之后，国内粮油市场又出现了新的根本性全局性的变化。这一次的变化以玉米消费的快速增长为标志。玉米消费的增长对国内粮食安全的影响，可能比大豆消费引起的变化要深刻、要长远。在玉米消费出现趋势性增长之后，国内玉米市场的表现极富戏剧性。先是在玉米主产区出现很大的供给压力，国家不得不收购了大量的临时存储玉米，并采取了鼓励产区销售玉米的政策，但随后全国玉米市场就开始呈现从来没有过的紧张行情。2010~2011 年国内玉米价格暴涨，为稳定国内市场，国家将数量庞大的中央储备玉米投放市场。可随后国内玉米市场出现了供大于求的情况，库存压力越来越大。

观察国内玉米消费增长过程会发现，玉米消费增长既因为传统消费在持续增加，更是因为非传统消费的快速增长。玉米和小麦与稻谷相比是用途更加广泛的谷物品种，在我国既有食用需求，也有饲用需求，还有工业需求。玉米引入中国约有 500 年历史，到改革开放前也就是说中国自种植玉米以来，绝大部分时间是为了食用而不是饲用。玉米被主要当作饲料用粮也就是 30 多年的事情，而玉米被当作工业原料，更多地用于工业生产，满足多用途需求，则是最近十余年的事情。以前我们并不知道，随着人们生活水平的提高，玉米的消费用途会如此丰富，玉米会成为如此重要的工业原料。当我们注意到玉米深加工产业所面对的刚性需求以及随着人们生活水平提高这种刚性需求必须增长的现实和趋势，对"玉米工业改变整个供求"就有了进一步的认识。

观察还发现，不仅玉米的传统消费具有刚性，玉米的非传统消费也具有刚性。玉米消费增长与国民经济发展和人民消费水平提高紧密联系在一起。以玉米消费快速增长为标志的粮食消费趋势性变化，可能会产生长远的影响。根据国家粮油信息中心的预测，2018 年度我国玉米深加工消费量将达到 8000 万吨，玉米深加工消费继续显现增长态势。国家已经确定在全国范围推广使用燃料乙醇，这将对国内玉米消费产生又一次重大的影响，很可能就此改变国内玉米供求的基本格局。

中国积极参与经济全球化进程，中国的粮食市场开放程度将越来越高。根据海关总署的统计，2017 年我国粮食进口量达到 13063 万吨。其中，大豆进口量再创纪录，达到 9554 万吨，较上年大幅增加，增量 1160 万吨；小麦进口 430 万吨，同比增长 27.3%；稻谷进口 399.3 万吨，同比增长 13%；玉米进口 283 万吨，同比下降 10.77%；大麦进口达到了 886 万吨，同比增长 77.1%；高粱进口量 506 万吨，进口量居世界第一。2017 年中国进口植物油 577 万吨，进口菜籽 474.7 万吨。从某种意义上说，我们在粮食问题上没有骄傲的资本。我国人多、地少、水缺，生产粮食的自然资源并不充裕。就国内的资源禀赋而言，相对于人们不断增长的粮食消费需求而言，粮食供给偏紧应是共识。因此，必须夯实农业生产能力基础，深入实施藏粮于地、藏粮于技战略，严守耕地红线，端牢中国人的饭碗。我们要保持清醒头脑，认清基本国情，树立忧患意识，也要拓宽粮食安全的视野，要以全球化的眼光，认清开展粮食国际贸易活动对于满足国内粮食消费需求的必要性与重要性。在改革开放的大背景下，在积极参与经济全球化进程之中，为了满足国内不断增长的消费需求，需要在立足国内的基础上，积极利用好国内外两个市场和两种资源。我们要主动适度开放国内粮食市场，构建能够有效利用全球粮食资源的粮食流通体系。

三、面对新时代对粮食安全提出的新要求，采取有效政策措施，积极实现国内粮食供求再平衡

改革开放以来，我国粮食市场出现了两次长周期的供求波动：一次开始于 1996 年，结束于 2003 年；另一次开始于 2012 年，目前仍在进行之中。这种长周期的粮食供求波动，不同于气候因素引起的粮食产量年度之间的波动，而是由于更多因素而导致的市场供求的周期性变化。新中国成立以来，粮食周期性供大于求的状况，似乎没有出现过。只是在改革开放之后，当粮食生产积极性得以充分调动之后，才出现了粮食供给过于充足的状况。为谨慎起见，人们将这一市场表现称为粮食供给的阶段性过剩。

这种过剩状况的出现，与实行积极的粮食生产刺激政策有关。在我国参与经济全球化，国内经济快速发展的大背景下，实现粮食的供给安全有着特殊的重要意义。由于粮食供给总体不足，为了促进粮食增产，国家实行积极的托市收购政策，向农民承诺以事先公布的价格，敞开收购农民要求出售的余粮。托市收购价格刺激生产者积极生产粮食，这在粮食供给偏紧时可以有效地实现粮食增产稳产，只是当粮食供求偏紧状况改变之后，价格刺激如果继续发挥作用，常常会导致供求失衡，出现供给压力。在全球粮食价格大幅上涨的刺激下，全球谷物和油脂油料产量增长，2012 年国际市场粮食价格开始大幅回落。与此同时，国内粮食供求关系也由偏紧开始转向宽松。出于谨慎的考虑，国内粮食托市收购政策还在继续执行，但是较高的价格不仅继续刺激国内粮食产量，也导致了粮食的内外价差扩大，进口压力激增。在国内增产的背景下，2014~2017 年我国粮食进口量连续四年超过 1 亿吨，其中的谷物进口，很大一部分是价格刺激的结果。进口进一步导致了国内谷物供给过剩，一时间三大谷物库存数量都很大，尤以玉米库存压力最大，稻谷库存问题最突出。

面对出现的问题，粮食供给侧结构性改革得以推进，粮食去库存已经取得了积极的进展，粮食供求失衡的矛盾开始化解，粮食市场化改革得到进一步的推进。

为保障国家粮食安全，党中央采取了一系列积极的政策措施：树立大食物观，面向整个国土资源，全方位、多途径开发食物资源，满足日益多元化的食物消费需求。在确保谷物基本自给、口粮绝对安全的前提下，基本形成与市场需求相适应、与资源禀赋相匹配的现代农业生产结构和区域布局，提高农业综合效益。启动实施种植业结构调整规划，稳定水稻和小麦生产，适当调减非优势区玉米种植。支持粮食主产区建设粮食生产核心区。扩大粮改饲试点，加快建设现代饲草料产业体系。探索实行耕地轮作休耕制度试点，通过轮作、休耕、退耕、替代种植等多种方式，对地下水漏斗区、重金属污染区、生态严重退化地区开展综合治理。按照政策性职能和经营性职能分离的原则，改革完善中央储备粮管理体制。深化国有粮食企业改革，发展多元化市场购销主体。科学确定粮食等重要农产品国家储备规模，完善吞吐调节机制。改革完善粮食等重要农产品价格形成机制和收储制度。坚持市场化改革取向与保护农民利益并重，采取"分品种施策、渐进式推进"的办法，完善农产品市场调控制度。继续执行并完善稻谷、小麦最低收购价政策。按照市场定价、价补分离的原则，积极稳妥推进玉米收储制度改革，在使玉米价格反映市场供求关系的同时，综合考虑农民合理收益、财政承受能力、产业链协调发展等因素，建立玉米生产者补贴制度。确保口粮绝对安全，利用国际资源和市场，优化国内农业结构，缓解资源环境压力。优化重要农产品进口的全球布局，推进进口来源多元化，加快形成互利共赢的稳定经贸关系。健全贸易救济和产业损害补偿机制。强化边境管理，深入开展综合治理，打击农产品走私。

党的十九大报告指出，中国特色社会主义进入了新时代。习近平总书记强调，确保国家粮食安全，把中国人的饭碗牢牢端在自己手中。新时代的粮食工作大政方针已经明确，我们要坚定不移地执行好党的粮食政策，认真解决好具体的粮食问题，做好各项工作，确保国家粮食安全。

推进粮食产业高质量发展的思考

程国强　同济大学经济与管理学院学术委员会主席
　　　　国务院发展研究中心学术委员会原秘书长
　　　　中国粮食经济学会副会长

党的十九大报告提出，我国经济已由高速增长阶段转向高质量发展阶段，正处在转变发展方式、优化经济结构、转换增长动力的攻关期……必须坚持质量第一、效益优先，以供给侧结构性改革为主线，推动经济发展质量变革、效率变革、动力变革，提高全要素生产率。2019 年中央经济工作会议也指出，推动高质量发展是我们当前和今后一个时期确定发展思路、制定经济政策、实施宏观调控的根本要求。如何推动我国粮食产业迈向高质量发展，既是一个重要的理论问题，更是一个重大的实践探索。

一、高质量发展的基本内涵

高质量发展是能够满足人民日益增长的美好生活需要的发展，也是体现五大发展理念的发展，即创新是第一动力，协调是内生特点，绿色是普遍形态，开放是必由之路，共享是根本目的。对现代化经济体系而言，高质量发展要求构建创新引领、协同发展的产业体系，彰显优势、协调联动的城乡区域发展体系，资源节约、环境友好的绿色发展体系，多元平衡、安全高效的全面开放体系，体现效率、促进公平的收入分配体系。与此同时，实现高质量发展必须要有两个方面的体制机制保障，一是建立统一开放、竞争有序的市场体系，实现市场准入畅通、市场开放有序、市场竞争充分、市场秩序规范；加快形成企业自主经营公平竞争、消费者自由选择自主消费、商品和要素自由流动平等交换的现代市场体系。二是充分发挥市场作用、更好发挥政府作用的经济体制，实现市场机制有效、微观主体有活力、宏观调控有度。与此同时，还要创建和完善高质量发展的制度环境，构建科学合理的高质量发展指标体系、政策体系、标准体系、统计体系、绩效评价、政绩考核等。

高质量发展的内涵主要包括以下三个方面、六个维度：

（一）高质量供给与需求

高质量供给，就是要从"有没有"转向"好不好""优不优"；从价值链中低端转向创新引领、价值链中高端；要适应居民消费转型升级需要，提高商品和服务供给质量更好满足日益丰富、多元的需求。

高质量需求，就是要激活中国这个世界最大的内需市场，通过完善社会保障体系等，释放被抑制的需求，发挥消费驱动作用，带动供给端升级，促进供需实现更高水平的平衡。

（二）高质量资源配置与投入产出

高质量资源配置就是要充分发挥市场资源配置的决定性作用，完善产权制度，理顺价格机制，减少配置扭曲，提高资源配置效率。

高质量投入产出就是注重内涵式发展，提高劳动生产率；提高资源集约利用率，实现资源节约、环境友好，全面提升全要素生产率。

（三）高质量区域联动和收入分配

高质量区域联动就是要实现区域良性互动、城乡融合发展、陆海统筹整体优化，培育和发挥区域比较优势，加强区域优势互补，塑造区域协调发展新格局。

高质量收入分配就是要体现效率、促进公平——实现合理的初次分配和公平的再分配。下一步的制度设计中，要促进初次分配逐步解决土地、资金等要素定价不合理的问题，促进各种要素按照市场价值参与分配，促进居民收入持续增长。再分配则要发挥好税收调节、精准脱贫等措施的兜底作用，实现高收入有调节、中等收入有提升、低收入有保障。

二、推进粮食产业高质量发展意义重大

当前推动粮食产业高质量发展具有重大的战略意义。

（一）推进粮食高质量发展，是解决粮食产业发展不平衡、不充分问题的战略选择

1. 过去粮食产业发展不平衡，主要体现在长期供给总量不足，所以政策目标是解决"有没有""够不够"的问题。现在粮食产业发展面临的问题是从总量不足转为结构性矛盾，供过于求与有效供给不足并存。如目前水稻、玉米去库存仍然有压力，但大豆供需缺口巨大，进口达9000万吨以上；中筋小麦供给过剩，但弱筋小麦、强筋小麦供需缺口较大。粮食"五高一低"问题仍然严重，亦即粮食产量高、库存高、进口高、成本高、价格高，竞争力低，不平衡发展是我国粮食产业亟待解决的当务之急。

2. 粮食产业不充分发展，突出体现在以下三个方面：

其一，发展方式粗放。粮食生产拼要素、拼投入、拼环境；粮食经营拼资源、拼规模，部分主产区以及地方国有粮食企业政策路径依赖严重，竞争力日益弱化。

其二，产业链脱节。粮食生产、收储、物流、加工等环节，国内外供应链基本脱节，没有形成完整的粮食产业链。粮食加工转化链短，初级产品、半成品多，深加工不足，缺乏粮食增值增收的价值链。

其三，缺乏创新机制。我国粮食产业远未进入需求引领、品牌驱动的发展阶段。特别是，粮食产业的创新能力可能是国内最弱的行业之一，我国粮食行业最近十多年在科技创新方面，已远远滞后于其他行业。有

关研究表明，我国稻谷加工的增值率仅为 1：1.3，而美国、日本等大米加工业发达国家，稻谷加工产品已超过 350 种，稻谷加工增值率达到 1：4~1：5。我国家庭居民消费食物中，工业化食品只有 18% 左右，而发达国家则达到 70% 左右，在美国和日本社会消费中分别占 92% 和 82%。

（二）实现粮食产业高质量发展，是应对人口增长以及居民食物消费结构升级的战略任务

今后粮食产业满足人民不断增长的对美好生活的需要，主要有两大维度的战略考量。

1. 人口增长及结构变化。从总量看，预计未来 5~6 年人口总量将达到 14.5 亿的峰值，比现在增加 5000 万左右。目前的粮食保障能力是以 14 亿人口需求为基准建设的，今后应对人口峰值所形成的粮食安全保障与消费新需求，必须谋划粮食安全保障新战略和粮食产业发展新方式。从结构看，人口发展将进入深度转型阶段，老龄化程度不断提高。2018 年 60 周岁及以上人口占总人口的比重为 17.9%（15% 为老龄化社会），预计该比重在 2030 年将达到 1/4、2050 年达到 1/3，老龄化或将使粮食需求峰值提前到达，更将对粮食安全保障提出新挑战、新任务。

2. 收入增长与消费升级。一是口粮直接消费（面粉、大米）逐步减少并趋于稳定，肉蛋奶的消费总体仍呈上升趋势。细分品种也有结构变化，如肉类消费中牛肉消费呈增长趋势，猪肉消费则逐步减少。这意味着，今后我国粮食消费结构中，除了主粮供应，饲料粮，包括蛋白饲料、能量饲料等需求将呈持续增长趋势，面临统筹国内国际供应链的战略选择。二是个性化、多元化、绿色化、功能化的食物消费逐步增长。按照世界银行的划分标准，高收入国家的标准是人均 GDP 达到 1.25 万美元，目前我国人均 GDP 不到 1 万美元，从中等收入迈向高收入阶段预计还有 8~10 年的时间。经验表明，从中等收入迈向高收入阶段的过程也是食物消费结构变动较大的阶段。这一阶段粮食需求仍然处于上升通道，保障粮食供应的任务十分艰巨，但同时也为粮食产业链的转型升级、高质量发展提供了战略性机遇。

（三）应对世界面临百年未有之大变局，切实稳住"三农"基本盘、保障国家粮食安全的战略要求

粮食安全与能源安全、金融安全并称三大经济安全，是国家安全的重要基础。当前全球经济力量对比发生着根本性变化，全球经济治理体系正处于重构关键期。在国际环境日益复杂多变的形势下，推动粮食产业高质量发展、稳住"三农"基本盘，是应对国内外各种风险挑战、保障国家经济安全的战略要求。中美高强度的贸易摩擦有可能对国内经济社会产生深刻影响，对管控风险、保障国家经济安全提出了更高的要求。实现粮食产业高质量发展，是强化国家粮食安全保障能力建设的根本途径，是应对世界大变局的基础支撑，也是我们整个粮食行业义不容辞的责任。

三、粮食产业高质量发展的内涵

（一）高质量发展是粮食产业转型升级的新机遇

我国经济由高速增长阶段转向高质量发展阶段，粮食产业面临转型升级、提质上档的重大机遇。

1. 发展理念创新。粮食生产将从过去数量优先转向质量第一、效益优先，由注重"有没有"转向"好不好"，从"吃饱"转向"吃好"，粮食产业将形成以高质量发展为根基的发展理念创新、战略创新。

2. 政策调控转型。粮食政策将从增产导向转向提质导向，政策与调控将以高质量发展为目标、提升竞争力为导向，由过去的价格支持、行政干预，转变为充分发挥市场资源配置的决定性作用、更好地发挥政府作用。

3. 产业融合发展。由发展方式粗放、产业链脱节，转变为一二三产业融合发展，由经营资源性、博弈型转变为发展创新性、共享型。更加

注重开发粮食多功能，延长粮食产业链、提升粮食价值链、完善粮食利益链，实现小农户与现代粮食经济有效对接、深入融合。

4. 国内国际统筹。大豆从 20 世纪 90 年代中期开始有效利用国际农产品市场和农业资源，为保障口粮绝对安全、谷物基本自给提供了重要支撑。面对下一阶段人口峰值及其粮食需求峰值与农业资源禀赋之间的矛盾，粮食产业高质量发展要更加重视国内国际统筹，从过度生产、资源透支转向统筹利用国内外粮食资源和市场，拓展深化全球粮食产业链和价值链，构建持续、稳定、安全的全球粮食供给和安全保障体系。

（二）粮食产业高质量发展的内涵

1. 高质量粮食供给保障。要求构建高质量的粮食生产体系和经营体系，实现创新引领、消费驱动，结构合理、供给有效，适应居民消费转型升级需要，更好地满足日益丰富、多元的需求。

2. 高质量粮食产业体系。要求拓展粮食产业链，提升价值链，优化利益链。亦即要沿产业链上游向提供农资、贷款、种子等各种服务拓展，下游向收储、物流、加工、国际贸易拓展，既要促进企业增效，也要促进农民增收，实现粮食一二三产业深度融合、一体化发展。

3. 高质量粮食资源配置。推动粮食高质量发展就要处理好政府和市场的关系。要充分发挥市场资源配置的决定性作用，更好地发挥政府作用；要优化粮食支持政策机制，全面激活主体、激活要素，激活市场；提高全要素生产率，提升粮食产业效益。

4. 高质量粮食可持续发展。推进农业供给侧结构性改革，要求构建生产绿色、资源节约、环境友好的粮食产业，既要守住口粮绝对安全、谷物基本自给的底线，也要把好粮食安全的历史边界，给我们的子孙后代留出足够的好地、好水、好资源。

5. 高质量粮食竞争力。要推动更高质量的农业对外开放，全面提高统筹利用国内外粮食市场和资源的能力；按照效益优先、竞争力导向原则，着力实施粮食产业差异化战略，通过科技化、品牌化、特色化、绿色化路径，全面提升我国粮食产业的竞争力。

四、推进粮食产业高质量发展的思路和路径

（一）总体思路

下一阶段粮食宏观管理要明确两个战略重点：一是强化国家粮食安全保障能力建设，进一步增强粮食国内生产能力，储备调节能力，国际供应链管理能力，推进实现粮食安全管理能力和管理体系的现代化。二是促进粮食产业高质量发展，全面提升粮食产业竞争力。要推进创新引领，改革突破，结构升级，绿色发展，建设现代粮食产业经济体系。抓国家粮食安全保障和粮食高质量发展，本来并行不悖，相互促进，是今后粮食工作不可分割的两个方面。

强化粮食安全保障能力建设，关键要树立国家粮食安全新理念，建设更高层次、更高质量、更有效率、更可持续的粮食安全保障体系。亦即要坚持一个并重（粮食安全、资源环境安全并重）、二元路径（立足国内、适度进口）、三大能力（即体现保障口粮绝对安全的粮食国内生产能力、体现压舱石作用的现代化高效储备调节能力、体现现代化粮食产业经济体系的国际供应链管理能力），实现粮食安全管理体系和管理能力现代化。

推进粮食产业高质量发展，要以实施乡村振兴战略为总抓手，以推进农业供给侧结构性改革为主线，坚持质量兴粮、绿色兴粮、效益优先、竞争力导向，加快转变粮食产业发展方式，推动粮食产业转型升级，提高粮食产业的创新力、竞争力和可持续发展力，全面推进现代粮食产业经济体系建设。

（二）推进粮食产业高质量发展的路径

如何推动粮食产业迈向高质量发展？当前关键要按"制度环境""改革突破"和"创新驱动"三个路径发力。

1. 要构建制度环境。粮食产业实现高质量发展，首先必须要有体制机制支撑和制度保障。

其一，要构建统一开放、竞争有序的粮食市场体系。这要求必须深化农业供给侧结构性改革，尤其要推进粮食价格形成机制和收储制度改革，最大限度地激活主体、激活要素、激活市场。

其二，要逐步建立充分发挥市场作用、更好地发挥政府作用的粮食管理体制。建议各地各部门在实际操作中，避免泛化粮食安全边界，要用制度乃至立法的方式明确粮食安全保障的内涵与框架。同时，也要明确界定粮食安全与粮食产业发展的功能目标与管理边界，形成市场机制有效、微观主体有活力、宏观调控有度的机制安排，建立现代化粮食产业经济体系。进一步深化国有粮食企业改革，消除现有管理规则的所有制歧视。

其三，要构建推动粮食产业高质量发展的指标体系、政策体系、标准体系、统计体系、绩效评价、政策考核等。重在落实，稳步推进，久久为功。

2. 要坚持改革突破，为粮食高质量发展提供制度供给。

一是粮食产业高质量发展亟待制度支撑。如现有粮食生产体系与经营制度，是改革初期为了解决吃饭问题而设计，已经远远不适应现代农业的发展要求。虽然在农业经营制度上已经有许多探索，如家庭农场等规模经营模式，实质上难以生成规模经济和分工经济；"公司＋农户"、土地信托等模式，面临合作不稳定的问题，且存在"非农化"与"去粮化"经营趋向。粮食产业迈向高质量发展，必须打破过去按照温饱目标设计的制度框架，否则，就会存在基础性、制度性约束。如何推动制度、体制机制改革创新，使土地制度、农业经营制度以及资源要素配置，适应粮食产业高质量发展和农业现代化的需求？亟待在乡村振兴中的改革突破。

二是要处理好政府与市场的关系，坚持市场化改革不动摇。粮食安全是三大经济安全之一，紧急状态下，政府必须动员一切资源确保国家粮食安全，为国家总体安全提供根本支撑。但在紧急状态之外，市场化是粮食产业高质量发展的基础制度安排。收储制度、市场准入等制度设计，作为粮食产业绿色化、品牌化、特色化发展的体制基础，都是以市场化为体制基础。如何激活主体、激活要素、激活市场，政府必须制定框架和标准，提供良好的市场环境。

从政府对农业的支持保护看，欧洲、日本的农民收入中，政府补贴占到一半以上。但现阶段我国人均 GDP 不足 10000 美元，难以达到那些发达国家的支持保护水平，因此必须研究更有效率的补贴方式，构建既符合中国的发展阶段、农业现代化建设要求，又符合国际规则的粮食支持政策框架。而在目前多重两难问题的制约下，现有政策箱的可选工具并不多。

例如，价格支持政策一直被认为支持信号最为明确，比如粳稻 2014~2016 年的最低收购价为 1.55 元/斤，比成本高 0.35 元/斤，由此导致东北粳稻种植积极性高涨。尤其是玉米收储制度改革以后，甚至出现旱改水的现象，导致市场扭曲的问题出现。美国、欧洲、日本也都曾实施价格支持政策。1933 年美国经济大萧条，为了重振经济，"罗斯福新政"将农业作为恢复经济的重要产业部门。欧洲为了解决战后粮食严重短缺的问题，成立欧洲经济共同体解决煤钢和粮食供给的问题，其共同农业政策的实质就是价格支持政策。日本的大米长期以来也实行价格支持政策。

但这些价格支持政策都产生了明显的外部性和效率损失。据测算，政府每补贴 1 元钱，农民仅能得到补贴的 1/4，而且严重扭曲市场。对目前我国的实际而言，政策实施的难点还在于，若不使用价格支持措施，大水漫灌式的补贴确实难以精准到位，政策的针对性明显不足，其他可替代的政策选项也较少。今后在市场化改革进程中，如何将保护农民利益的政策目标落实到位，确实是对决策部门和各级地方政府管理能力的重大考验。

当前深化粮食收储制度和价格形成机制改革，重点是改革完善小麦、水稻的最低收购价政策。建议按照"稳定构架、增强弹性、改革机制、遵循规则"原则进一步推进最低收购价政策改革。其中，"稳定构架"，即要保持最低收购价政策构架的基本稳定，给种粮农民吃"定心丸"。"增强弹性"，即粮价既可升也能降，政策既要及时启动，也要适时退出。"改革机制"，即改革最低收购价政策的功能与机制，由既保供给又保增收的托市机制，调整回归至兜底保障、解决卖粮难的托底机制。"遵循规则"，即政策机制必须符合世界贸易组织规则，不能违反我国对世界贸易组织的承诺。

从操作层面看，最低收购价政策的改革方向是在保留政策构架的基础上，价格逐渐调整到成本水平。但据测算，即使调到成本水平，补贴仍然超过 8.5% 的"黄箱"微量允许水平，调到成本线以下则农民面临较大的收入损失，需要采取符合规则的收入补偿措施。

政策性农业收入保险有可能成为替代政策之一。美国农业部由风险管理局负责保险产品的设计和实施管理，日本也有专门机构管理，且都要求有较高的执行精度。美国、日本的农民数量只有 200 多万，而我国农民数量是上亿级的，农业收入保险政策或许难以真正落地实施。

如何建立价格支持政策改革的补偿机制，还需要研究农业支持保护补贴从"黄箱"向"蓝箱"的结构调整，这也需要进行系统评估和测算。

三是解决市场失灵问题。以食品安全和农业品牌化为例，食品标准、品牌专利、地理标志保护、市场监督等市场环境管理，难以通过市场机制解决。如何在政府和市场之间做好分工，需要政府在制度创新、政策创新和创造良好市场环境方面发挥更大作用，解决好法规不力、执行不严、投入不足等法规政策问题，有效弥补由于市场失灵而出现资源的错配。

3. 要坚持创新驱动，促进粮食一二三产业融合发展、国际化升级。

一方面，要创新发展方式，实现一二产业全产业链经营、融合发展，这是实现粮食产业提质增效、转型升级的基本模式。这要求粮食行业，从长期以来粮食企业拼资源、拼要素，增长方式粗放、产业链脱节，转变为一二三产业融合发展，促进开发粮食多功能，延长产业链、提升价值链、完善利益链。以日本粮食产业融合发展的经验为例，其延长产业链、提升价值链、完善利益链的做法有以下三点启示：

一是需求导向、创新引领。从吃饱转向吃好，需求引导是迈向高质量发展的起点。如日本消费者对寿司的消费，刺激了直链少、支链淀粉含量高的大米需求，日本因此研发并大面积种植了直链淀粉含量只有16%的"越光"米。发挥产学研一体的优势，改良培育了适用于炒饭的大米品种，创新开发功能性大米。同时，为了减少大米过剩的库存压力，研究开发了发酵粗饲料用水稻，进行结构调整。

二是消费驱动、融合发展。为了把米饭蒸得好吃，日本研发电饭煲，成为世界最大的厨具产业之一。为了适应劳动力结构及生活方式变革的需要，通过精深加工将糙米加工成大米、免淘米、米饭，开发功能性大米、方便米饭等，提高附加值。

三是科技支撑、品牌经营。在大米的保存加工方面，以食用口感为标准，通过低温冷藏技术最大限度保持稻谷的鲜度。同时，构建了一套以消费需求为导向的集生产、储藏、加工、品牌化为一体的产业链和质量标准体系。日本经验也启示我们，实现高质量发展需要一定的战略定力。日本大米从20世纪70年代由短缺转为过剩后开始进行结构调整，实现高质量发展，也经历了长期的历史过程。到80年代中期，用10年时间普及食味优良的大米品种。经过20年时间优良品种成为主力。优质大米普及率从最初的不到20%到20年后达到80%。

另一方面，要创新发展理念，实现粮食产业国际化升级。国际化是粮食产业高质量发展的基本标志。一个人口大国，必须建立一个与大国地位相匹配的全球粮食等主要农产品供给保障和市场体系。促进粮食产业国际化升级，在世界面临百年不遇的大变局新形势下，显得更加紧迫。

一是要实施差异化发展战略。农业缺乏竞争优势将是今后一个不可回避的常态。实施粮食产业的差异化战略，就是要避开我国粮食产业的劣势，发挥差异化、特色化优势。要求粮食产业的发展，除了体现为产品的安全、健康、快捷、方便、有效供给外，反映更多的是对粮食农业多功能性的新消费新需求。在今后我国工业化、城镇化发展的关键阶段，农业所承载的生态环境安全和农村社会稳定保障功能，将在一定程度上接近，甚至逐步超过其长期所担负的产品供给功能。实施美丽乡村建设，挖掘农业多功能供给以及多元化需求，是以生态环境保护为前提，以资源约束为代价，满足居民美好生活需要的战略路径。更有利于腾出国内农业资源空间，提高农业资源产出质量，促进农业农村可持续发展。

二是在"一带一路"倡议下，提高统筹配置全球农业资源的能力，建立持续、稳定、多元、安全的全球粮食供应链网络。2019 年"一带一路"国际合作高峰论坛成功举办，进一步反映了全球对合作共赢、共同发展的呼声和期待。构建"一带一路"粮食产业链和投资合作平台，促进粮食产业国际化升级，是粮食产业高质量发展的重要方向。"一带一路"沿线的中南半岛国家，稻谷资源丰富、生产潜力加大。目前四川、重庆、云南和贵州西南四省市的粮食供需缺口为 2500 万~3000 万吨，若通过"一带一路"投资平台推动粮食供应链建设，打通物流通道体系，则可通过中国—中南半岛经济走廊建设，构建安全、稳定的区域性粮食供应链，既可形成西南四省市新的粮食供求平衡关系，也为中南半岛发展中国家农业发展提供巨大机遇。

目前全球大豆生产增量部分的 70%~80% 出口到中国，这是提高我国对全球大豆资源统筹配置能力的重要条件。黑海地区有广袤的土地资源，据测算可替代美国 1000 万~2000 万吨大豆。大豆进口来源地向黑海地区等"一带一路"沿线地区转移，将推动全球粮食供需格局的深刻变化，也有利于促进我国加快建立持续、稳定、多元、安全的全球粮食供应链网络。

市场化改革序曲 开拓奋进者画卷

——期货试点落地亲历

张永生　中粮贸易战略部副总经理

中国粮食经济学会理事

2018年，是改革开放40周年，也是中国第一家期货试点单位——郑州粮食批发市场（下称郑州市场）开业28周年。作为当年直接参与筹办的工作者，我总有一种冲动：把当年参与期货试点筹办郑州市场的经历写出来，以纪念改革开放40周年、郑州市场开业28周年，致敬当年参与期货试点工作的开拓者，也为研究中国期货发展提供参考。

一、筹办背景：恰逢其时

关于期货试点背景，不少专家已有所论述，这里只作简要介绍。

党的十一届三中全会后，为解决农产品价格的暴涨暴跌，深化粮食流通体制改革，培育市场机制，借鉴国外期货机制，探索中国期货市场，摆到议事日程上。目前，见诸报端的最早的公开文件是，1988年3月七届人大一次会议的政府工作报告。该报告指出：加快商业体制改革，积极发展各类批发贸易市场，探索期货交易。

在前期相关准备的基础上，国务院发展研究中心、国家体改委联合成立了期货贸易研究工作小组，具体工作由发展研究中心价格组、体改委流通局负责，吸收了有关部门同志参加。主要是收集相关期货贸易资料、邀请国外专家介绍情况、组织国内有研究的同志进行研讨、召开部分省份和部门参加的期货研究会议，提出了相关研究报告。经过认真研究，提出建议：由商业部牵头，体改委、发展研究中心、农研中心的相关部委参加，成立期货市场咨询协调小组，商业部成立期货贸易办公室，负责方案的制定、实施，组织地方试点，初步准备在河南开始试点。

1990 年初，商业部成立了粮食批发市场管理办公室（下称商业部市场办），与中国粮食贸易公司市场处合署办公，负责粮食期货试点工作。我有幸由研究商品流通改革的大学老师，成为商业部市场办的一员，直接参与到期货试点及郑州市场筹办的工作中。

二、筹办推进：紧锣密鼓

（一）建立推进机构

随着期货试点，由理论研究探讨进入实施推进阶段，在原有的国务院发展研究中心、国家体改委成立的期货市场研究工作小组的基础上，为加强推进力度，成立了相应的机构。

1. 跨部门的协调机构：成立中国郑州粮食批发市场协调领导小组，由商业部、农业部、财政部、原铁道部、体改委、发展研究中心、农研中心、国家工商局、国家物价局、国家税务局、人民银行的相关负责同志组成，协调试点筹办工作中的重要事项。

2. 跨部门的咨询研究机构：成立中国郑州粮食批发市场咨询研究组，由商业部顾问姜习牵头，发展研究中心及体改委、农业部、商业部经研所等相关专家组成，负责试点方案研究论证。

3. 省部联动的市场管理委员会：到启动阶段，商业部与河南省联合成立中国郑州粮食批发市场管理委员会，由秦科才副省长为第一主任、何济海副部长为第二主任，姜习为顾问，中国粮食贸易公司刘东平总经理等为副主任，成员由商业部相关司局、河南省相关厅局领导组成。

我所在的商业部市场办作为日常办事机构，对上负责向协调领导小组、市场管委会请示、咨询研究组联系，对下负责与郑州市场筹建办沟通，协调推进筹办的具体事项。

（二）明确市场定位

由于受当时经济发展水平、市场开放程度、基础设施限制，直接设立期货市场的条件尚不成熟，经过多方论证研究并报请相关高层批准，引入会员制、保证金制、合同标准制、实物交割制、结算制等现代交易机制，建立中央粮食批发市场。虽然叫"粮食批发市场"，但我们心里有些不甘，担心与社会上存在的大量、各类的"批发市场"（Wholesale Market）混同。但是，由于我们建立的是有组织、有限制、规范化的市场，是从"现货市场"（Current Market）起步，逐步过渡到"中远期市场"（Forward Market），最后建成"期货市场"（Furure Market）。

（三）制定、修改交易规则及细则

不能照搬国外期货交易规则，从国内现实条件出发，又不能办成一般意义上的"批发市场"，交易模式的选择对规则、细则的制定，带来了严峻挑战。在发展研究中心牵头的期货工作组与郑州粮油期货批发市场课题组研究成果的基础上，专家们多次研讨修改，将原来的交易管理条例与组织章程合并为交易管理暂行规则并制定实施细则。

难忘在酷热的郑州，陪同常清、朱玉辰等几位专家在没有空调的房间里，穿着跨栏背心，挥汗如雨地工作。白天碰头研讨，夜晚各自修改，足不出户，吃饭也是简单吃几口。卡壳或疲劳了，缓解办法是：打扑克牌输了钻桌子，知名专家、普通干部一律平等……

考虑到走立法程序过程复杂、时间较长，交易规则及实施细则采取由商业部、河南省政府批准的形式在1990年9月28日颁布。

（四）筹办审批

1990年5月上旬，李鹏总理在主持深化经济体制改革会议时，听取了发展研究中心田源汇报试办郑州粮食批发市场情况。

1990 年 5 月 18 日，当时田纪云副总理在外地休息，胡平部长向姚依林副总理报告试办郑州粮食批发市场，姚依林副总理、李鹏总理分别批示同意。

1990 年 6 月 14 日，李鹏总理到河南视察工作，正式宣布了国务院关于试办中国郑州粮食批发市场的决定，新华社向国内外播发了消息。

1990 年 6 月 25 日，商业部与河南省政府在人民大会堂举行试办郑州粮食批发市场新闻发布会。

1990 年 7 月 27 日，国务院以国发〔1990〕46 号文批准了商业部等八部委关于试办郑州粮食批发市场的报告。

（五）协调相关支持政策

进行市场机制的改革探索，需要打破原有体制的局限，跨部委的协调领导小组发挥了重要作用。就在 1990 年 6 月 25 日试办郑州市场新闻发布会结束后，出席发布会的相关部委及河南省领导接着参加了由国务院白美清副秘书长主持的协调领导小组会议，研究粮源、运输、财政、税务等相关支持配套政策，确定郑州市场开业的重大事项。

（六）发展会员、培训专业知识

为准备开业、交易运行，1990 年 8 月，由商业部市场办牵头，北京商业管理干部学院、郑州市场筹建办联办的专业培训班举行，近 400 人参加，主要学习交易规则和实施细则、国外期货交易情况并进行了拍卖交易模拟。

在发展会员单位及出市代表过程中，由于存在分歧，原有的方案在 1990 年 9 月被推翻，作为具体的经办人，承受可能影响按时开业的压力。经过夜以继日的工作，在各方配合支持下，完成会员单位、出市代表的资格审查、报批手续，终于在开业前的一周，由商业部发文批准 222 家会员单位、245 位出市代表。

三、开业影响：一石激起千层浪

1990 年 10 月 12 日，中国第一家借鉴国外期货机制成立的有组织、有限制、规范化的中央粮食批发市场——郑州粮食批发市场开业，采用现场拍卖形式，成交了 4 批 5 万多吨小麦。

郑州市场的开业，其意义不在于成交量的多少，而在于：一是在当时的背景下，向国内外传递了中国加大改革开放步伐的决心与信心（路透社、美联社、法新社、《纽约时报》、日本经济新闻等及国内的中央电视台、《人民日报》、《经济日报》等对此反响强烈）；二是对深化流通体制改革、培育市场机制起到的推进作用；三是它的交易机制如会员制、保证金制、结算制等，为中国的现代交易市场如证券交易、大宗现货交易起到了引领、示范作用。

开弓没有回头箭。在李经谋主任的带领下，郑州市场经过了 2 年多的运行、探索，不断完善市场模式、交易机制，为期货交易的推出打下了实践基础。1993 年 1 月，商业部、体改委会同河南省政府、上海市政府分别提出"试办期货交易，开办期货交易所"的报告，我们赶在当年的春节前将报告上报国务院。之后的 5~6 月，郑州推出期货交易、上海粮油商品交易所正式开业。中国最早的期货试点品种——粮食商品期货终于落地生根。

其中的插曲是：在郑州商品交易所审批时，有关方面认为期货只是探索阶段，比较审慎，设想与上海一样名称为：粮油商品交易所，河南省政府及郑州批发市场建议为商品交易所。作为具体负责组织协调的机构，我们商业部市场办从国务院批准中国第一家期货试点单位的高度出发，并考虑期货行业长远发展，进行了调研、论证，并积极进行沟通、汇报，为郑州的交易品种发展预留足够的空间，在白美清副部长的协调下，最终促成郑州商品交易所获批。

在郑州市场暨郑州商品交易所的引领下，在粮食系统内，先后有九江、芜湖、吉林、山东等地成立省级粮食批发市场；系统外，上海证券交易所成立，物资、农业、轻工等行业纷纷建立批发市场，有的直接设立商品交易所，如大连商品交易所、北京商品交易所、海南中商交易所等。向行业内外的人士介绍期货试点方案、郑州市场模式，成为我们商业部市场办义不容辞的责任。

聚是一团火，散是满天星。参与期货试点的各路英豪，在完成阶段性使命后，再展宏图：田源创建了中国国际期货公司；常清创办了金鹏期货公司，与北商的童宛生、胡俞越教授开设了期货课程，并领衔成立中国农业大学金融衍生品研究中心；乔刚、陈共炎牵头创办了北京商品交易所；朱玉辰参与中期创建之后，担任了大连期货交易所总经理，之后又牵头创办了中国金融期货交易所，至今还带领中国企业"走出去"，在新加坡设立期货交易所；在刘晓雨的带领下，转变职能后的商业部市场办，从设立中国粮食贸易公司期货部起步，筹办期货公司……

四、自身收获：奋进中成长

作为普通的工作人员，有幸参与了许多重要文件的起草、重大活动的组织，1990 年一年里 9 次赴郑州协助推进工作。在时间紧、任务重、挑战大的筹办过程中，在商业部市场办领导沈思义、朱玉辰的充分信任、悉心指导下，开阔了视野、增长了见识，不仅学到了期货知识，更锻炼了协调能力。

1991 年 5 月的一天上午 10 点，接到电话通知，下午 3 点陪同领导向国务院汇报批发市场、期货试点情况。紧张的 5 个小时里，收集、汇总了郑州市场试点及其他几个主要省级粮食批发市场的最新情况，起草总结试点成果、存在问题及相关建议的汇报材料。在中南海国务院会议室，分管粮食工作的国务院领导听取了汇报。在领导同志征求意见时，作为直接落实筹办工作的人员，我大胆提出了自己的建议。一个普通的干部，有机会直接面对分管粮食工作的国务院领导提出自己的建议，这是一个难得的机会，也是一份宝贵的经历，还是一种厚重的激励（激励我后来在冰天雪地、地广人稀的北大荒农场收购交割大豆）。

1992 年 2 月，有幸与朱玉辰一起参加了商业部组织的赴美农产品期货考察团，有机会考察 CBOT、CME 两大期货交易所及纽约证券交易所，并实地考察了世界第一大粮商——嘉吉公司。两周行程紧张的考察，开阔了视野、增长了见识，也向国外同行介绍了中国的期货试点情况。难忘我们在 CME 举行的情况介绍会，CBOT 的专家也专门过来一起旁听。

随着证监会期货部的成立，商业部市场办的职能转换，我们开始投身期货交易。由于有参与期货试点打下的基础，很快进入角色：进场当出市代表，负责现场下单；闭市收集信息、研究行情、研究对策；根据需要准备实物交割。难忘 8000 吨绿豆的交割，由于当时的交割单是 10 吨 1 张，800 张交割单需要手签。因此，我们创下了重复写了 800 次单位名称、自己姓名的纪录。

无论是 1994 年受邀为北京商品交易所出市代表培训班授课，面对400 多名学员、讲授 4 个小时期货交易实务，还是 2000 年筹建中国粮油食品流通网，作为总体方案的牵头人，我负责交易规则的制定、交易品种的开发，并参与期货试点工作及期货交易，都给我带来了积累与底气。之后，能够从事套期保值业务，也得益于此。

电台、电视台的采访及报纸杂志的约稿，促进了期货理论的学习，锻炼了总结、归纳能力，分别在《经济参考报》《中国商报》《中国日报》《中国期货》《商业经济研究》等报刊发表了多篇有关期货试点、期货交易的文章，所撰写的有关粮食市场体系建设的论文，获得了商业部一等奖。

到 2018 年 10 月 12 日，郑州粮食批发市场开业已整整 28 年。回顾期货试点落地的艰辛探索历程，首先应该感谢我们赶上了改革开放年代；感谢国务院的正确决策及白美清副秘书长（后任商业部副部长）的筹划协调；感谢国务院发展研究中心、国家体改委的领导，商业部胡平部长、何济海副部长、姜习顾问，河南省秦科才副省长等相关部省领导的高度重视、大力协调；感谢芝加哥交易所副总裁格罗斯曼及助理张桂英的咨询指导；感谢发展研究中心、体改委、农业部、商业部的专家田源、常清、乔刚、廖英敏、杜岩、刘俊英、段应碧、郭书田、陈宝瑛、张其泮、吴硕、朱玉辰等的认真探索；感谢相关部委及商业部相关司局、河南省相关厅局的积极支持；感谢郑州课题组及郑商所的李经谋、靖明玉、李守堂、高适之、张静、王成周等的开拓进取；感谢中国粮食贸易公司刘东平总经理、周颂哲副总经理等组织协调；感谢市场办领导沈思义、朱玉辰、刘晓雨的敢于担当及我的同事牛有春、王世军等的勤奋工作，还要感谢那些没有提到名字的但为中国的期货试点工作作出贡献的人！

期货试点的落地，是市场化改革的序曲，是开拓奋进者的画卷。正是时代的良好机遇、国家的正确决策、专家的认真探索、部委的大力协同、地方政府的积极支持、筹办者的努力开拓，使期货试点能在中国落地、生根、开花、结果！

祝愿郑州商品交易所越办越好、祝愿中国期货业兴旺发达、祝愿中国的改革开放之路越走越宽！

中国粮食市场信息工作回顾

杨卫路　国家粮油信息中心原副主任
中国粮食经济学会原常务理事

改革开放 40 年来，我国粮食流通体制从社会主义计划经济的"统购统销"，经过粮食购销"双轨制"，逐步顺利地向社会主义市场经济的"市场购销"转轨。我作为一名老粮食人，见证了从"统购统销"向"市场购销"转轨的历程，结合从事的粮食市场信息工作经历，记录下来，以示纪念。

一、粮食市场信息工作起步和背景

我国粮食流通体制购销市场化改革，比其他行业晚了约 10 年。因为在改革开放初期，我国农村经济体制改革仍在初始阶段，国内粮食供应形势还未摆脱短缺局面，沿用社会主义计划经济"统购统销"模式，以票证分配供应为主。粮食生产、流通、消费未形成市场化，市场信息也就无从谈起。但是，随着农村经济体制改革取得巨大成功，主要农产品产量不断增加，特别是粮食生产连年丰收。到了 20 世纪 80 年代初中期，国内一些省份已出现粮食积压现象，有的地区还相当严重。可以说，到了这个时候，粮食购销市场化改革迎来了难得的历史机遇。当粮食供应充足，且有大量结余后，依靠票证供应粮食的办法已无必要。

这一时期，粮食流通体制采取粮食购销"双轨制"，开始从计划经济向市场经济转轨。取消粮食统一征购，实行合同定购；取消以票证分配（粮票、油票）为特征的"统销"，实行市场销售。这样，我国粮食产业开始走向市场。面对粮食市场纷繁复杂的形势，粮食行政管理部门，生产者农民、消费者城乡居民、经营者企业一时难以适应，迫切需要对粮油市场信息进行收集、整理、汇总、研判，从而作出正确的粮食宏观调控决策，按照粮食市场需求进行生产和经营。

1991 年初，我在原商业部商业信息中心国际信息处工作。原商业部商业信息中心正开展新一轮适应当时经济形势发展的改革。上级要求不受原有编制制约，人员自由组合，开展适当的业务，各处级部门在确定工作目标后与中心签订责任状，独立核算，自负盈亏。在规定的定额利润上缴后，扩大业务支出和员工收入可以自主决定。其实就是承包经营责任制，能调动员工改革和创新工作的积极性。

从以往的经验看，一个行业信息业的发展，有四个必要条件。一是该行业有其对信息的迫切需求；二是信息技术手段发展与信息处理方法基本能够相匹配；三是信息工作人员有能力应对和解决所遇到的各类问题；四是领导层对信息业务有足够的认识并大力支持。而在当时，粮食行业正好基本具备了这四个条件。

从粮食行业发展对市场信息的需求看，如上所述，正处于全行业进入市场化改革的时期，粮食部门无论是行政还是企业对市场信息的迫切需求已经形成。

从信息技术条件看，商业信息中心当时有两个处的业务涉及信息处理技术和粮食市场信息。一个是国际信息处，当时这个处的业务主要是将新华社国际市场信息电讯稿有选择地编译并发布，眼界很宽阔，却与国内市场基本脱节，正需要一个具体的、能接地气的目标。另一个是专门收集整理发布《全国商情》，是一项很成熟的计算机联网的市场信息业务，有当时比较先进的信息处理技术和方法。虽然当时计算机主力品牌只是长城 0520，加上普通的调制解调器，但是，在此前已经能够与各省份形成计算机远程通信，有传递和反馈全国商情供求信息资料的成功经验。当时，在国内处于信息技术领先水平。

从信息工作人员方面看，国际信息处的几位人员面临改革，有大干一番事业的信心和能力，而且基本都具备较高文化程度，能够适应这项业务的开展。当时国际信息处几位员工在何副处长主持下，一起商量和探索建立粮油信息业务时，讨论的起点就比较高，准备建立以一网一刊为基础的全方位粮油信息业务。一网即"全国粮油和饲料信息电讯网"，一刊即《中外粮油和饲料信息》。网络依托当时的《全国商情》电讯网络，在网上既可以传递和反馈商情信息，也可以收集和反馈粮油信息，等于是一网两用，相互支持，互不干扰。《中外粮油和饲料信息》是印刷刊物，最初定于每月一期。随着业务需要，后来改为半月一期。几年后，又改为每周一期。期刊主要刊登粮油市场行情、市场价格、政策法规、国际市场动态、科技动态和商品供求信息等。期刊一出就受到广泛欢迎。

从领导层面看，商业信息中心领导非常支持这项业务开展，但如何开展，需要自己去想办法改革创新。但是，从业务长远发展分析，由于商业信息中心并不是粮食业务的行政主管部门，信息业务发展必然受限。为破解这一难题，我们将目光投向当时的国家粮食储备局主管领导。当时的商业部副部长兼国家粮食储备局局长白美清同志主持粮食日常工作。白部长能否支持这项工作，当时我们心里没底。如果按程序逐级上报，或许我们的意见和想法到不了白部长案头。经过反复商量后，我们决定大胆地直接向白部长汇报，这样既节省时间，又可以直接回答白部长可能提出的问题，省去很多中间环节。于是，整理好思路后，何处长带着我直接到白部长办公室汇报。白部长热情地招呼我们坐下后，何处长就用最简练的语言迅速将我们开展粮油市场信息工作的思路和想法全盘托出。白部长听完汇报，完全肯定我们的想法和做法，表示支持这项工作的开展，答应我们在即将举办的信息工作会议上专门讲一讲信息工作的重要性。

几个月后，我们在北京湖北宾馆成功举办了全国粮食市场信息工作会议。由于有白部长和国家粮食储备局的大力支持，全国大多数省份粮食行政主管部门派人参加了会议。在会议上，白部长不仅强调了粮食市场信息工作的重要性，而且还要求各地克服困难，尽快实现全国粮食市场信息计算机联网。会后，商业部印发了《关于建立全国粮油和饲料信息网的通知》。

1992 年初，经过各方努力，这个全国粮食市场信息网络雏形基本构成。

二、初期工作成效

全国粮油和饲料信息网的成立和正式运转，是在原商业部商业信息中心主持下，由当时信息中心国际信息处和全国商情处具体操办的。

原商业部主管下的粮食市场信息工作在最初阶段，由于缺乏资金支持，有一段时间工作比较艰难。几个工作人员只有一间十几平方米的办公室，办公桌都挤在一起。当时，办公室还没有购置计算机，因为当年多数工作人员既不会用也没有资金，对计算机的操作和掌握运用，都是在日后工作中边干边学，逐渐熟练起来的。联网通信所用计算机是在信息中心机房统一使用。在编写《中外粮油和饲料信息》期刊时，主要是手工写作加剪刀糨糊，编好初稿后，交由专门的打字员在计算机上录入，经校对修改后，请人编排版面，打出激光底稿再请印刷部门印刷装订。征订和发行主要靠印制征订单邮寄方式。

为全方位收集各类与粮食相关的最新信息，我们与在京各有关部委及大型企业建立了联系。如农业部、统计局、经贸委、中粮、北京市各粮食企业等。并与全国各地有关机构建立联系，在工作中加深合作。例如，为收集各地批发市场价格信息，我们主要采取电话传真方式，定期与各地粮食批发市场联系索要最新价格信息。绝大多数大型粮食批发市场后来都成为信息网的计算机联网成员。

　　仿照全国商情处工作方式，粮油网建立初期，计划与各省份粮食行政主管部门建立联系，在各省份建立粮油和饲料信息工作站。这些工作站负责收集本地区粮油市场信息，汇总分类后，通过点对点计算机通信方式传给我们，我们进行汇总分类，形成全国的综合信息后再反馈给各地。印刷的纸质期刊内容也发送给各地，由各地根据本地情况增删使用，形成各地有地方特色的期刊，印刷后下发给用户。这样效率较高，符合市场信息准确及时的要求。

　　各地工作站的建立过程比较艰难。我们当时主张各地工作站由省级粮食局计划统计部门兼管，计划（或统计）处长兼任信息工作站站长。全国大约有一半的省级是这样做的，主要是粮食主产大省和主要粮食消费大省。这些省级由于对粮食市场有较强的依赖性，因而对市场信息比较关注，机构比较健全，对信息事业建立和发展也相对比较重视。最初的那些省级工作站长们，在日后工作都比较出色，多数都被提拔到更重要的工作岗位。也有的省级由于机构或人员情况不同，将工作站设立在办公室。个别省级只是指定一位干部兼职信息工作，仅仅保持与我们的联系，并不怎么开展具体工作。有的只是将我们汇总的全国粮食市场信息打印出来，交给领导参阅。也有的是印刷出来后，下发给下属机构和企业，仅仅起到信息接收和传递的作用。

　　经过一段工作磨合期，各地粮食市场信息业务都取得了很大进步，逐渐步入正常轨道。这项事业逐渐得到粮食行业内的认可和欢迎，纸质印刷期刊发行量稳定增加，计算机联网用户除了各省工作站之外，也有了明显增加。通过在昆明和北京两次全国性粮食信息工作会议，扩大了影响面，联系的企业和用户越来越多。

　　这一时期，正是国内外计算机技术飞速发展的黄金时代。计算机技术、网络技术与各个行业信息化相互助推，蓬勃发展。粮食市场化改革与信息化大发展不期而遇，有力地推动了市场信息工作向前发展。

　　一分耕耘，一分收获。粮食市场信息业务发展的同时，也带来了一定的经济效益。员工的收入也随之有所增加。有了资金保障，购置了较新的计算机及其他设备，改善了工作条件。

1991 年开始的商业信息中心改革，在当年就取得了显著成效，几乎所有部门都提前或超额完成了年初确定的任务。这个改革无意中促进了粮食市场信息事业的发展。在后来的两年里，由于业务的扩展和国家粮食储备局的实际需要，有关部门协商后向中编办提出了建立国家粮油信息中心的申请，得到了上级有关部门的支持。

三、建立专业信息机构

国家粮油信息中心的成立，使粮食市场信息工作在行政上有了依托，成为当时国家粮食储备局的一个直属事业单位，各项业务开始走入正轨。中编办批准国家粮油信息中心成立是在 1993 年 12 月，经有关部门协商，人员调整逐步到位是在 1994 年初。商业信息中心负责粮油网的一个处和负责计算机技术的一个处将部分人员划归新成立的国家粮油信息中心。同时国家粮食储备局将计划司的几位干部调来，这样就形成了国家粮油信息中心的基本框架。中心主管领导是两位副主任，下设办公室、市场处、计算机处和开发处。工作地点设在西单原商业部大院北楼商业信息中心邻近的几间办公室。

国家粮油信息中心成立初期，在信息网从上到下的组织形式上仍沿用中心工作总站与各省级工作站信息报送与反馈的办法。一网一刊仍是各类信息传送的基本载体。电信网络以报送、汇总和反馈各地价格、商品供求信息为主，因为这些信息比较容易形成格式化内容，易于计算机整理归类，我们当时称之为数据信息。期刊主要是以对市场的分析、研判、预测为主，还包括用数据方式难以表达的政策法规、科技动态、农业气象等内容，我们当时称之为文字信息。网和刊也有一定交叉，全部信息都可以在网上交换反馈，数据信息也用来附在期刊后面以方便未联网用户的需要。当时的网络其实还不是真正意义上的网络，而只是计算机点对点通信，只能定时通过电话线路联络通信，其功能有限。除省级工作站之外，大多数省级粮食批发市场也陆续成为电信网骨干用户。而绝大多数中小企业用户，则只是订阅纸质印刷刊物《中外粮油和饲料信息》。自国家粮油信息中心成立以后，这种基本的工作形式大约保持了 4年左右。在此期间，计算机处对全国粮食系统计算机人员进行了多次培训，使行业整体计算机应用技术水平有了很大提升，为日后信息化工作打下了基础。

在网络的组织结构上，国家粮油信息中心成立不久，就在各省级开始建立分中心，用以代替原来的省级信息工作站。这项工作进行得并不顺利，原因一方面是对信息工作的管理并不太协调，国家粮油信息中心作为国家粮食储备局直属事业单位，怎样与行政部门协调开展信息工作并没有形成一致的看法；另一方面是各地情况不尽相同，新的机构设置与人员配备遇到一些问题。另一个问题是行政部门的信息业务早就有一定的工作模式，如统计信息，只是在市场未放开之前并没有那么强调这类信息的重要性。因此，国家粮油信息中心成立之初，我们将工作的定位放在了市场信息上面，因为市场放开后，由于市场的作用而产生的大量信息与过去粮食行政管理部门在计划经济时期的信息业务有着明显不同。

对粮油市场信息的收集和整理仅仅是信息工作的第一步，而其中最重要的是如何选择信息，这需要一个前提，就是从事信息工作的人员要具备比较高的素质，要在纷繁复杂的市场中找出那些最关键、最重要的东西。为此，我们逐步注意到作为一个行业的市场信息部门，其宗旨只有一个，就是做好对上级行政部门和对广大粮食企业及其他用户的信息支持和服务。从中需要正确把握粮食行政管理部门宏观性政策，与企业对市场信息需求的关系。并且在特殊情况下，要按照宏观调控的大方向，用准确及时的市场信息引导企业作出正确的决策。

在原有工作基础上，使我们打开眼界的是一件偶然的事。大约是

1994 年，农业部信息中心有一位刚从美国学习回国的年轻人来到我们单位，了解计算机点对点通信的有关情况。我们介绍完情况后，他给我们讲了美国的计算机互联网状况，并给了我们一个美国农业部网址，说里面可以查阅到大量国际市场最新信息。这在当时对我们来说是非常新鲜的事，等于帮助我们打开了国际粮油市场信息的一扇窗口。

当时互联网上 Windows 还没有普及，接入国际互联网可以在当时国家计委网络上注册一个用户，接入后也只是在计算机黑白界面下寻找美国农业部信息系统。当我们费了一番周折后，终于进入了这个信息系统，并且找到了美国农业部的月度预测报告的下载地址。有可能是当时互联网用户并不多，在美国也只是刚刚有一些政府部门推广，所以只要网址正确，就没有太多问题。这是当时国际互联网初期短暂的网络"路宽而车少"的现象。

美国农业部在当时已经有了一个完整高效的信息系统，而且具备了对全球农业和粮食市场的监测预测能力。我们当时仅仅是以实用为主，简单地将其月度分析预测报告拿来经翻译后，在我们的网络和期刊上发布，从而让国内粮食部门能够及时了解国际市场的重大变化，特别是美国粮食市场的最新预测数据。

几年后，当我们逐渐对国内外粮食市场总体情况有了一定把握之后，我们才真正意识到，国家粮油信息中心该走什么样的发展道路，采取怎样的路径，怎样的工作方法，已经到了需要认真考虑并有所突破的时候。万事俱备，只缺人才。恰在此时，中国农业大学毕业的一批优秀硕士生前来应聘，在这批学生中，有的已经在学校实习阶段就接触到国内外粮食和农业市场的大量最新信息及工作方法。他们的到来为国家粮油信息中心在信息事业的发展中起到了关键作用。在信息中心上下齐心协力共同作用下，在粮食市场信息工作中，开拓性地制作出了粮食平衡分析报告，既有数据，又有文字。从此，国家粮油信息中心的粮食市场信息工作进入一个新的阶段。

四、开展对外交流

改革开放的一个重要标志，是对外交往增加。国家粮油信息中心由于工作需要，迫切需要了解发达国家是怎样做粮食市场信息工作的。我们把目标瞄向了美国这个世界第一大粮食出口国。这时，国务院发展研究中心和体改办牵头组织的中美粮食产业研究项目启动，国内 8 个部委派出专业研究人员参与。国家粮油信息中心派我参加了稻谷项目研究，这个项目最后就是实地考察美国农场稻谷生产情况。

1997 年 5 月，我随团来到美国，美国农业部经济研究局负责接待了我。我发现它们在主要农产品研究方面采取的办法是一人跟踪一个品种。例如，稻谷、小麦、大豆、玉米，由一两个研究人员跟踪市场。事实证明，这是一种行之有效的工作方法，便于研究人员成为这一方面的专家。而对市场的综合分析研究则有另外的专门研究人员。美国农业和粮食专家对工作的认真负责给我留下了深刻印象。

在各类信息中，美国农业部月度市场预测报告的编制，是美国农业部各个部门之间合作的典范。这是一份多部门合作编制的既有数据，又有分析预测的报告，对美国国内并面向世界在同一时间发布。这对于美国农场生产和经营农产品有很大帮助，对世界粮食市场有极大影响。

国家粮油信息中心还特别关注联合国粮农组织的市场信息，并与该组织驻北京机构建立联系，派出人员赴罗马联合国粮农组织总部访问和学习。还与国际谷物理事会建立了比较密切的关系。

五、关于平衡表的思考

平衡表是粮食市场分析研究人员应当具备的基础数据资料之一。这里应该普及粮食平衡表的概念。在经济工作中，各类商品平衡表使用得十分广泛，对粮食来说尤其重要。一个国家完整的粮食供需平衡表应当包括期初库存、产量、进出口、总供给、工业消费、口粮消费、总消费、期末库存等主要项目。此外还应包括延伸辅助项如收获面积、单产等。

平衡表的各个项目在实际经济工作中经常应用，如人们熟悉的联合国粮农组织曾经公布过的一项指标，即粮食库存与消费比，至今这项指标被普遍认为是衡量粮食安全程度的重要的可量化指标之一。试想如果没有库存和消费数据，作为一个市场研究分析人员，该怎样判断和研究市场变化。

库存如何定义和计算对于我国这样的农村人口仍占近 50% 的大国来说，其实是一个相当复杂和困难的事情。国有粮食库存还好办，也比较容易统计，非国有企业及商业库存统计数据，经努力或许也可以办到。但是，农村这块怎么办，是个问题。美国库存统计分为农场和非农场两个部分，它的统计覆盖面按照 2018 年 3 月的资料，分别为 82900 个农场和 8500 个非农场，非农场的覆盖面接近 90%，其余部分则是估算的。我国有上亿农户且小而分散，而美国农场只有 200 万个左右，规模都较大。这就使国内粮食实际库存数据很难统计，如果只是拿国家和商业库存来顶替，那实际是不全面的。因为平衡表左侧（供给侧）的产量是涵盖全国的，那么右侧（消费侧）的各项数据都应当与左侧的产量有对应关系。这样的客观条件使国内平衡表编制成为一项极具挑战性的工作。当然，搞个八九不离十的完整平衡表并不是完全没有可能，先做出来，然后慢慢总结、讨论、纠偏、完善，或许也是一条可行之路。例如，目前有的部门已经在发布年度报告，虽说数据完整，但数据来源及出处基本不做介绍。理想的目标是建立比较完整的，数据来源科学可靠的平衡分析预测报告。为此，需要建立切实可行的多部门会商机制。建议有关部门定期分析生产与市场形势，编制完整的粮食供求平衡表。

国家粮油信息中心为了既不影响分析和研究市场变化趋势，又与现行保密政策不冲突，想出了一个折中办法，就是只计算和预测当年新增供给和当年结余，在这个理念下建立的平衡表虽说并不完整，但总是可以在分析研究并预测粮食市场时有个数据。1998 年末，国家粮油信息中心终于编制出了我国谷物和油料的平衡分析数据及月度分析报告。这是粮油市场信息工作的一个重要进步。

尽管这个平衡表中的总供给由当年新增供给代替、期末库存由当年结余代替，一些重要数据项还未做累计计算，存在一些缺陷，但有胜于无，受到广泛欢迎和重视。美国农业部在公布月度分析报告确定中国有关数据之前，都要参考这份我们国内的报告。

但是，这份平衡表及月度分析报告仍有很大改进余地。例如，平衡表供给侧部分的附属项目种植面积，国外同行多采用收获面积，这是为什么呢？主要并不是因为有受灾绝收面积的问题，而是当年播种的面积并不一定在当年收获，而采用收获面积相对要科学一些，因为本年度收获的面积所产生的粮食数量才是比较符合逻辑的选择。又如，平衡表消费侧各项目中有一个总消费项目，而国际同行有些是采用"消失"这个概念来代替总消费。初一看，觉得西方经济学家好幽默，没有了不就是消费了么，有什么区别吗？再仔细分析，才感到用"消失"才是更科学的选择。在平衡表实际编制过程中，总供给中减去一项项消费项目后，往往遇到没办法减掉的数量，而如果不再减掉一定的数量，结余量就会大得离谱。于是就开始猜测是哪一项该再减掉点。损耗是最容易想到的一项，但损耗是有指标规定的，超过了就需要有关部门承担责任，那是不能过分随意的事情。这时我们才发现"消失"这个定义的高明之处，它使人们避免了人为的猜测。也正是因为这些问题的存在，使对平衡表各个主要项目的定义，成为一个必须重视的任务。每一个数据都需要比较严格的定义，而且应当始终坚持这个定义，这样长期积累的数据才更具有比较意义，更有价值。当然，根据客观情况变化和实际工作需要，修正这些定义并不是完全不行，只是需要长期坚守的，在制定规则和定义时，才会更加慎重。

　　几年后，国家粮油信息中心工作人员根据国内粮食生产和市场变化，感觉到如果仍然以过去短缺时期制定的粮食概念笼统地研究分析市场，已经越来越困难，而口粮、饲料粮和油料三元格局在我国已经逐渐形成。因此，将过去的谷物、油料两个分类平衡分析改为食用谷物、饲用谷物和油脂油料三个分类平衡分析。现在看来，这种分类还是比较有远见的。

　　上述存在的一些问题，值得我们今后去探索。

勇立改革开放潮头　创新粮食保障体系

董富胜　广东省发展改革委原副主任
广东省粮食行业协会原会长

党的十一届三中全会以来，广东粮食人乘改革开放的浩荡春风，充分发扬敢闯敢干、敢为人先的精神，在全国率先进行一系列逢山开路、遇水搭桥的改革，冲破旧模式，创立新体系。经过40年的不懈奋斗，广东粮食事业发生了翻天覆地的变化，取得了举世瞩目的成绩：初步创立了比较完善的粮食保障新体系，切实解决了广东年粮食总需求量4500多万吨（自产1300多万吨，缺口3300多万吨）的粮源，保证了社会发展的粮食需求，满足了人民生活水平日益提高的需要，确保了粮食安全。不仅为广东成为全国第一经济大省提供了有力的物资支撑，也为全国粮食领域改革开放进行了许多有益的探索。

一、勇立潮头，冲破计划经济僵化模式

1979年开始，广东首先打破高度集中的粮食统购统销体制，实行商品经济和计划经济相结合，调减粮食征购基数，实行"计划经济为主、市场调节为辅"的粮食购销体制。全省开放农村集市贸易，恢复粮食议购议销，实行多渠道经营。缩小统购品种和数量，取消粮食统购，实行合同定购，定购以外的粮食可以自由上市。1983年取消涉外单位粮食统销，改为议价供应或市场调节。

1984 年，广东省政府决定在深圳特区率先进行放开粮油经营的试验，对深圳市粮油管理实行"一包两放"，即对深圳市粮油调拨和财务指标实行包干，放开粮食和食油经营，成为改革开放的先行试验区。

1985 年，中共中央、国务院发布《关于进一步活跃农村经济政策的十项政策》，决定从 1985 年起取消粮食统购，改为合同定购。同年 2 月，广东省政府发出通知，取消粮油统购，改为合同定购，定购以外的粮食可以自由上市，取消各种奖售粮。

自此，粮食统购统销的僵化模式被打破。

二、敢为人先，实行粮油价格闯关

1986 年开始，广东按照价值规律的要求，实行粮食购销价格联动改革，使粮食价格逐步向市场价格靠拢。

1988 年起，广东加快粮油价格改革步伐，率先放开食用油经营。在调整提高粮食合同定购价的同时，大幅度提高粮食销售价，三级标二大米从每 50 公斤 14.2 元提到 30 元。1991 年实行购销同价，并略有顺差，三级标二大米统销价由每 50 公斤 30 元调到 45 元，同时减少粮食定购任务，提高定购粮挂钩奖售化肥标准，使多年来被扭曲的粮食价格逐步与市场价格并轨。在一系列政策措施的有效作用下，粮食经济关系得到进一步理顺，购销价格严重倒挂的局面改变，粮食产销形势逐步好转，粮食供应进一步得到保障。

三、大胆探索，实行市场化取向改革

经国务院批准，1992 年，广东按照"计划指导、放开价格、加强调控、搞活经营"的原则，在全国率先进行市场化改革。同年 4 月，广东省粮食局印发《关于粮食购销管理体制改革后粮食供应管理几个具体问题的通知》，决定停止省通用粮票、流动粮票的流通，居民无须凭粮簿购粮，成为全国第一个停止使用粮油票证的省份，被评为"广东改革开放30件大事之一"。号称"中国第一票""第二货币"的粮票悄然退出历史舞台。以统购统销的粮油管理制度为标志的粮食计划经济的票证时代结束，取而代之的是市场经济时代的开启，人民群众的"米袋子"得到了极大丰富。

四、储粮备荒，率先创立地方粮食储备制度

在放开粮油经营的同时，广东率先建立省、市、县三级地方粮食储备和粮食风险基金制度。随着发展的需要，储备数量逐步增加，品种逐步优化，管理制度不断完善。目前，全省口粮储备充足。地方储备粮制度的建立，有效应对了 1998 年超百年一遇的洪涝灾害、2003 年初"非典"期间和 2004 年的粮油价格异动、2008 年初严重低温雨雪冰冻灾害等抢购粮油风波，确保了社会稳定。

五、政企分开，营造良好的改革开放环境

1996 年开始，广东大力打破"大锅饭"体制，着力解决历史遗留问题，让粮食领域改革开放轻装前进。

1996 年，国务院决定按照政企分开、储备和经营分开、中央与地方责任分开、新老财务挂账分开和完善粮食价格机制的"四分开一完善"原则，进一步深化粮食流通体制改革。同年，广东粮食实行政策性业务与经营性业务分开两条线运行。1998 年，广东实行按保护价敞开收购农民余粮、农业发展银行收购信贷资金封闭运行、国有粮食企业顺价销售粮食和深化国有粮食企业改革"三项政策、一项改革"。通过一系列有力的措施，国有粮食企业的亏损之势得到了遏制，企业包袱减轻。

2003 年，广东省委、省政府制定了全省全面推进国有粮食企业战略性改组和企业制度创新，切实解决粮食企业"老粮、老人、老账"的历史遗留问题。"老粮"实行政府补贴，限期消化；"老人"实行分流转岗，"老账"实行政府解决。经审计确认，1992 年 3 月 31 日前的政策性财务挂账，24.8 亿元由广东省财政消化；1998 年 6 月 1 日至 2003 年 6 月 30 日产生的粮食政策性财务挂账 11.84 亿元，除珠三角的市县自行消化外，对于其他市县，省政府从省级财政安排了 4 亿元，帮助消化挂账。2007 年起，广东扭转了 1996 年以来国有企业整体连续亏损的局面，实现统算盈利，形成了符合广东实际和社会主义市场经济要求，以国有经济为主导、多种经济成分共同发展的粮食流通新体系。

六、阔步向前，全面走向粮食市场化

20 世纪 90 年代起，广东按照"建设大市场、发展大贸易、搞活大流通"的指导思想，建立多层次、多渠道、高效率的粮食市场体系。

2001 年起，广东按照"稳定生产能力，自主种植经营；取消定购任务，放开购销价格；规范市场管理，搞活粮食流通；政府分级负责，确保粮食安全"的思路，发展多元化粮食市场主体，全面实行粮食市场化改革。

2001 年，广东省政府重点规划抓好中、高级粮食批发市场建设，安排 1 亿元建设华南（广州国家）粮食交易中心。同时，规划建设省、市、县三级粮食批发市场体系。目前，全省已形成了以广州国家粮食交易中心为龙头，以区域性粮食批发市场为骨干，市县粮食批发市场为基础的粮食市场体系。充分发挥协会的桥梁纽带作用，发动国有、民营企业，凝聚全社会力量，组织企业赴省外、国外交流与合作。从 1992 起，广东不断巩固和发展与吉林、湖南、江西、湖北、江苏、安徽、广西、河南、黑龙江等多个粮食主产区的产销合作关系。积极利用国内、国际两个市场，年均外购粮食 3300 万吨以上，粮油市场保供稳价成效明显。粮食消费价格指数年均较全国低 0.4~1 个百分点。"九五"时期起，广东大力推进"珠江粮食走廊"建设，开创了全省粮食流通基础设施建设的黄金时代。至 2017 年底，全省累计投资 80 多亿元，新建现代化粮库仓容 1600 多万吨，形成了以省直属粮库为核心、市县粮库为骨干、国家储备粮库为后盾，与国内东北、长江和西南粮食走廊相衔接，辐射华南、调控全省的现代化物流网络。

积极推进多种经营主体共同发展。进入 20 世纪 90 年代，广东率先放开城乡粮食市场，粮食流通格局发生了深刻的变化，涌现了广州"8 字店"、佛山"嘉惠"等一批粮油综合连锁店。越来越多的非国有经济成分主体参与粮食经营，尤其是民营、外资食品和饲料加工企业迅速发展，繁荣了粮食市场，满足了人民多样化、多层次的粮油消费需求，提高了广大人民对改革开放的获得感。同时，大力招商引资，通过资本融合、技术转让、合作开发等模式，在提高市场竞争力的同时，也提高了整个行业的规模和效益，形成了国有、民营和外资企业齐发展的良好局面。2017 年，全省纳入统计范围的各类粮油企业 793 家，年处理稻谷能力 740 万吨、小麦能力 474 万吨、油料能力 1304 万吨，食用油精炼能力 438 万吨。全省年产值 2226 亿元，其中国有企业 9%，民营企业占 52%，外资企业 39%。2017 年，全省加工类民营企业 661 家，占全省粮油企业的 83.36%，年处理稻谷能力 658 万吨，占全省 88.92%；小麦能力 296 万吨，占全省 62.45%；油料加工能力 667 万吨，占全省 51.15%；油脂精炼能力 140 万吨，占全省 29.5%；加工业产值 1157.52 亿元，占全省 52%。

七、依法治粮，大力加强粮食法制建设

管理模式由行政管理为主转向法制化管理，全面实行依法治粮。1994 年，广东率先实行粮食工作责任制和年度考评制度。1995 年，根据

国务院关于全面落实粮食工作省长负责制的部署，广东全面实行"米袋子"各级政府负责制。2008 年，广东省政府出台《广东省粮食安全责任考核办法》，建立粮食安全责任考核制度。

2003 年 4 月，广东省发展改革委（粮食局）印发实施《广东省粮食应急预案》，建立粮食应急工作机制。国家发展改革委要求"主销区都应有像广东这样的应急措施"。原国家粮食局要求将《广东省粮食应急预案》转发各省（自治区、直辖市），在全国起到了引领作用。

2004 年，广东省政府颁布实施《广东省省级储备粮管理办法》。广东第一部粮食行政规章正式诞生，标志着储备粮管理工作步入法制化轨道。

2009 年，在 2003 年启动的《广东省粮食安全保障条例》获得省人大审议通过，并于 2009 年 7 月 1 日起施行。该条例是全国第一部系统规范粮食安全保障工作的地方性法规，是全省粮食安全保障制度建设的重要里程碑，为确保全省粮食安全提供了有力的法律保障。

八、开拓创新，促进改革开放高质量发展

党的十八大以来，中国特色社会主义进入新时代。粮食安全被提到了前所未有的战略高度，首次被写入了《国家安全法》。党中央提出了"以我为主、立足国内、确保产能、适度进口、科技支撑"的国家粮食安全战略，首次明确提出"要使市场发挥配置资源的决定性作用"的重大突破性理论，作出"加快推进粮食行业供给侧结构性改革"的重要决策，走具有中国特色的粮食安全之路。改革进入深水区，社会主要矛盾已经转化，广东始终保持改革定力，扎实开展"深调研"，树立粮食人"文化自信"，坚持"两个毫不动摇"，促进改革开放高质量发展。

开展"深调研"，当好政府参谋。习近平总书记指出，要"大学习、深调研、真落实"。调研是成功之道。只有从"深调研"入手，听实话、察实情，才能研究剖析问题背后的深层本质原因，把握改革发展规律，

破解影响和制约粮食行业高质量发展的体制机制问题。2013 年，广东省粮食行业协会与广东国际经济协会联合撰写的《广东粮食安全报告 2011》正式出版发行。报告荣获 2011 年国家粮食局优秀软科学研究成果一等奖，填补了广东研究的空白。2012 年，广东省粮食局组织进行《广东与沿海销区粮食安全状况对比研究》《广东主食产业化发展研究》《关于完善广东省粮食质量安全监管体系的研究》《广东省粮食仓储物流体系建设研究》等，为完善粮食安全保障政策措施提供了参考。

树立粮食人"文化自信"。粮食行业是关乎国计民生的基础行业，广东历代粮食人都怀揣"为耕者谋利、为食者造福""共济民生""确保国家粮食安全"的初心，孜孜不倦地奋斗。这样的价值观构成粮食人的独特精神世界。2007 年，广东省发展和改革委员会（粮食局）编辑出版了《广东省粮食流通体制改革纪实》，真实记录了广东粮食改革开放的实践成果，鼓舞了粮食人的斗志。2009 年，广东粮食行业协会编辑出版了《广东粮人风采——向新中国成立六十周年献礼》大型画册。2010 年，原广东省粮食局牵头出版《广东粮食 60 年》。2014 年，广东省粮食行业协会创造性地推出《广东粮魂》大型影视片和《粮食颂》主题歌，开创了以影视片和歌曲歌颂粮食、点赞粮人的先河，展现广东粮食人的风采。

坚持两个"毫不动摇"发展产业经济。改革开放以来，广东从"珠江水、广东粮"起步，为"广东制造"赢得市场和声誉，打造了"中国粮油物流加工第一镇——麻涌""中国粮油物流重镇——常平"和"中国优质丝苗米之乡——台山"等全国品牌。

党的十八大以来，广东加快提质转型步伐，经营模式由传统型转向服务型。继续深入开展"放心粮油"活动，搭建超市、网购、电商等营商平台，一大批民营企业在改革开放中发展成长起来。涌现了深粮集团、广州粮食集团、东莞太粮米业、东莞穗丰粮食集团、汕头粮丰集团、深圳市中泰米业、广东穗方源、广佛兄弟米业、广东白燕粮油实业、梅州稻丰和外资益海嘉里等大型骨干企业，造就了一批全国知名企业家。打造了深粮"多喜米"、益海嘉里"金龙鱼"、深圳春谷园"北田"牌大米、深圳东贸实业"金竹"牌柬埔寨茉莉香米、东莞太粮米业"米皇坊"牌大米、台山市粮食购销总公司"珍香"牌丝苗米、湛江市源泰米业源泰稻米、罗定阿灿米、广东新粮实业"白菊"牌低筋小麦粉、佛冈明阳机械有限公司"立阳"牌 5HDX—120 低温循环烘干机等全国知名品牌，为新时代的"广东粮"招牌增添新的光彩。广大群众随时随地都可以买到称心如意的"放心粮油"。

2014 年，广东省委省政府颁布《关于全面深化国有企业改革的意见》，再次启动了新一轮国企改革，吹响了改革攻坚的冲锋号。深圳市粮食集团一马当先，2018 年入选国务院国资委国企改革"双百企业"。9 月，深粮集团与深深宝资产重组项目获中国证监会通过，开启了深粮集团通过资本市场实现产业和资本运作双轮驱动发展的新征程，开创了粮食企业整体上市的先河，成为国内"地方粮食企业整体上市第一股"。

40 年的改革开放伟大实践充分证明，坚持习近平新时代中国特色社会主义思想，是粮食事业高质量发展的根本理论基础；坚持中国特色社会主义道路，是粮食事业高质量发展的根本途径；坚持改革开放，是粮食事业高质量发展的根本动力；坚持立足国内、适度进口、发挥市场在资源配置中的决定性作用、搞活流通，是确保粮食安全的根本举措；坚持粮食工作各级政府负责制、依法治粮，是确保粮食安全的根本保证。

九、永不停步，不断把改革开放推向前进

"改革开放只有进行时，没有完成时。"改革开放的前进道路上还有许多"娄山关""腊子口"需要攻破。在改革开放新的征程中，我们一定要保持闯劲、冲劲，继续闯险滩、战风浪，奋勇前进。一定要以习近平新时代中国特色社会主义思想为指导，增强"四个意识"，坚定"四个自信"，以新担当新作为不断把改革开放继续推向深入。一定要坚持把中国

人的饭碗牢牢端在自己手中，秉承"求真务实，敢为人先，艰苦创业，共济民生"的广东粮食人精神，永立改革发展的潮头，不断开创现代粮食保障新局面。

改革开放推进口粮消费模式融入美好生活

石少龙　湖南省粮食和物资储备局巡视员

改革开放 40 年来，国人的吃饭问题，经历了从"吃紧"向"吃饱"再向"吃好"的转变。由"吃饱"向"吃好"的口粮消费模式的转变，是在中国大地上创造出的伟大奇迹，也展现出了 13 亿多人口大国人民群众的美好新生活。

一、昨日吃饭：从"吃紧"向"吃饱"转变

旧中国的粮食问题自不必说，80% 的人口长期处于饥饿半饥饿状态，遇有自然灾害，更是饿殍遍地。新中国成立后，也曾经存在饥饿问题。邓小平同志在 1987 年 4 月指出，"1959、1960、1961 年三年非常困难，人民饭都吃不饱，更不要说别的了"。1984 年 10 月指出，"现在农村还有几千万人温饱问题没有完全解决，不过也比过去好多了"。习近平总书记在一次演讲中说到 20 世纪 60 年代末在梁家河插队当农民度过的 7 年时光，"那时候，我和乡亲们都住在土窑里、睡在土炕上，乡亲们生活十分贫困，经常是几个月吃不到一块肉"。即使到了改革开放后的 1995 年底，"全国还有 6500 万人没有解决温饱问题（约占总人口的 5%）"。新中国成立以来，党和政府一直高度重视粮食问题，很长一段时间都在与贫困、饥饿做斗争。

改革开放后，我国在粮食问题上不断发力，粮食产量从 1978 年的 3 亿吨倍增到 2012 年的 6 亿吨，此后连续 5 年稳定在 6.3 亿吨以上；油料产量从 1978 年的 521.8 万吨增长到 2017 年的 3475 万吨，40 年间增长了 5.7 倍。同时，随着人民生活水平的逐步提高，口粮和食用油消费量有了明显增长，第一人口大国的吃饭问题得以成功解决。

一是口粮直接消费量锐减。尽管改革开放初期粮食产量比新中国成立初期有较大增长，但由于人口增加，1978 年全国居民人均粮食消费量为 195.5 公斤（贸易粮），还不及 1952 年的 197.7 公斤（贸易粮）的水平。那时，在全国尤其是农村，百姓省着吃、吃不饱的现象较为普遍。而到了 1986 年，因家庭联产承包释放出的巨大能量，那年全国人均粮食消费量增加到 253 公斤（贸易粮），达到新中国成立以来的最高水平。与之相对，全国人均肉禽消费量由 1978 年的 8.9 公斤提高到 2017 年的 32.2 公斤，增长了 1.6 倍，加之果蔬、蛋奶的补充，2017 年人均粮食消费量下降到 130 公斤（原粮），口粮直接消费量（含以粮食为原料的加工制成品所消费的数量，如饮食业用粮）呈倍数下降。

二是用作口粮的杂粮减少。以薯类为主的杂粮，在饥馑之年常为充饥之品。改革开放前期，粮食仍然紧缺，1978 年全国人均占有薯类 33 公斤，为 40 年之最。那个年代，红薯、马铃薯等薯类较少用于加工原料，更多的是顶替口粮。不少地方对城镇居民定量口粮搭配薯干等杂粮，比例甚至高到 40%。农村人口鲜薯食用量更多，以致有人因过量食薯，而今几乎不再碰薯。而近 5 年来，城镇人口人均消费薯类每年仅为 2 公斤，农村人口人均消费也不到 3 公斤，红薯成了偶尔食之的香饽饽。

三是城乡粮食消费量差距缩小。1978 年，城镇居民人均粮食消费量为 145.4 公斤、农村居民人均粮食消费量为 247.8 公斤，两者相差 102.4 公斤，差率 70%。到 2017 年，城乡粮食消费量分别为 109.7 公斤、154.6 公斤，两者相差 44.9 公斤，差率降至 41%。40 年间，城乡粮食消费量差距缩减过半，达到 57.5 公斤。不少地方，农民就近在集镇购买小包装大米自食，不失为城乡差别缩小的真实写照。

四是西部地区口粮状况改善。西部地区 12 省（自治区、直辖市），土地面积占全国总面积的 71%，人口占全国总人口的 28%，多为经济欠发达、需要加强开发的地区。以西部地区城市居民家庭人均购粮为例，1990 年为 144.5 公斤，是全国的 1.11 倍；1995 年为 101 公斤，是全国的 1.04 倍，表明取消粮食统购、放开粮食销售前后的流通，非但未影响不发达地区的粮食供应，反而为城镇卖场和农贸市场提供了不竭的粮源。西部地区所产细粮较少，农村居民家庭 2000 年人均消费稻谷 106 公斤，与全国农村居民家庭人均稻谷消费量相差 21 公斤；2005 年为 102 公斤，只比全国水平少 8 公斤；2010 年为 96 公斤，只比全国水平少 6 公斤，但其人均消费小麦 63 公斤，高出全国近 6 公斤。2005 年西部地区与中部地区的农村居民家庭人均稻谷消费的差距缩小到 29 公斤，2010 年缩小到 21 公斤，但西部地区肉禽及制品消费最多，比中部地区高出 8~10 公斤。

五是购粮开支几近忽略不计。1978 年，城镇职工家庭每月人均粮食消费支出约 4.5 元，占生活费支出的 17%。1981 年，城镇职工家庭每月人均购买食品烟酒花费 21.57 元，占生活费支出的 56.7%，其中粮食消费支出 4.93 元，占生活费支出的 13%。1978~2017 年，城镇居民恩格尔系数从 57.5% 降到 28.6%，即 2017 年城镇居民月均食品烟酒支出 583.4 元，占城镇居民消费支出的 28.6%，而其中购粮 9.1 公斤的花费，占不到消费支出的一个百分点，这既体现了粮食价格的总体稳定，也为饭食以外的宽裕生活增加了消费空间。

六是食用油消费达到世界人均水平。2011 年，我国食用油人均年消费量为 20.5 公斤，达到世界人均水平。而 1978 年，全国居民人均食用植物油消费量只有 1.6 公斤，农村居民家庭人均食用油消费量也只有 1.97 公斤。到 2017 年，全国居民（包括农村居民）人均食用植物油消费量增加到 10 公斤。食用植物油消费量的增加，助推我国提前超过《国家粮食安全中长期规划纲要（2008~2020 年）》中"到 2020 年人均消费量 20 公斤"的指标。如今，百姓菜肴中的"油水"甚至过量，吃"红锅子菜"（炒菜不放油，锅热即炒菜）与吃不饱饭的现象彻底成为历史。

七是优质粮油消费渐成气候。我国优质粮油的生产可以追溯到 20 世纪 80 年代中期，当时少量食味品质佳的米面走上餐桌。90 年代开始，国家层面陆续启动"三品一标"（无公害农产品、绿色食品、有机农产品和农产品地理标志），成为政府主导的安全优质农产品公共品牌；国家有关部门 2017 年联合发起实施"中国好粮油"行动计划，在产销间搭起一座沟通的桥梁；一些非官方组织评审并宣传粮油品牌；多省份创建了富有本地特色的优质粮油工程。如今，全国涉粮国家级产业化龙头企业已发展到 450 家、省级 2558 家，优质粮源基地扩大到 7288 万亩。2007 年有65 个米面油产品获评"中国名牌"产品，2017 年首批"中国好粮油"遴选 98 个产品上榜，多年来获评"中国驰名商标"的粮油产品增多，各地也源源不断地推出名优特新粮油。人们挑选优质粮油的空间不断扩大，琳琅满目的粮油食品着实在为美好生活增光添彩。

二、明日吃饭：从"吃饱"向"吃好"转变

粮食数量问题基本解决，居民生活水平逐步提高，对品质好、营养健康的粮油产品的追求，就成了美好生活的应有之义。为满足向往美好生活的人民由"吃饱"转向"吃好"的新需求，应当注意以下问题：

第一，粮食直接消费量继续呈下降态势。目前，发达国家和地区（特别是食用大米的发达国家和地区）直接消费量已经接近底部。1985 年韩国人均年消费大米 128 公斤，2015 年为 63 公斤，下跌一半。20 世纪60 年代到 2011 年，中国台湾人均大米年食用量从 160 多公斤跌到 45 公斤，跌幅超过 70%。1962 年日本人年均食用大米达到 118.3 公斤（一说120 公斤）的顶峰，2015 年跌到 56.9 公斤，年均下降率为 1.37%。这与我国食用大米最多的湖南省粗略比较，其农村居民人均消费以大米为主

食的原粮，1980 年达到 334.4 公斤的高峰，2017 年跌到 187 公斤，年均下降率为 1.56%。53 年间，日本年均减少 1.2 公斤；36 年间，湖南剔除原粮因素年均减少 2.9 公斤。在湖南，2017 年农村人均消费 187 公斤粮食中的大米粗略估计为 110 余公斤，城镇人均消费 103.5 公斤粮食中的大米粗略估计有 60 余公斤。再看看前些年泰国人均消费大米 100~104 公斤，再过 10 年城市低于 90 公斤的分析，包括湖南在内，我国大米等口粮消费量还有一定的下降区间。为此，不能因为口粮减少，而小看口粮消费。人民向往美好生活，越是减少口粮，越要下功夫做好口粮消费大文章。

第二，蛋白质消费的增加将带来饲料粮需求的增多。由于荤食得到极大改善，我国城乡居民粮食直接消费量减少。蛋白质是组成人体一切细胞、组织的重要成分。荤食是人体摄取营养的重要来源，也是广义上吃好的要义所在。大麦、糙米、燕麦、黑麦、小麦、大豆和小扁豆等粮食作物固然是好的蛋白质来源，但畜禽肉、蛋类、水产品、奶等动物性食品不可或缺，后者需要通过大量的粮食转化，每生产 1 公斤畜禽肉需要消耗几公斤到 10 公斤粮食。在城镇，一些地方或许尚待加大素食分量，城镇和农村通过动物性食品来增加蛋白质消费，餐桌上还有广阔的空间，田地间还有挖掘的潜力，这就需要推动我国粮食生产总量的继续增长。此外，我国饲料产量已经突破 2 亿吨，仅 2017 年饲料消耗 1.05 亿吨蛋白类原料中，豆粕就占 7230 万吨。若要达到每年 8000 万吨以上猪牛羊禽肉的产量，饲料用粮不能低于 2 亿吨。饲料粮仍将是我国粮食需求增长的主体，饲料粮的增加是对粮食有效供给的挑战。人民向往美好生活，再不能在粮食总量上出问题，否则，优质粮就如同空中楼阁。

第三，落实国家对保障粮食质量安全的新举措。2018 年，有关方面强调对入库的最低收购价粮食质量和食品安全情况进行验收，发现入库粮食重金属、真菌毒素等食品安全指标超标的要分品种上报，国家有关部门和单位按照粮食安全省长责任制和食品安全地方政府负责制要求，划转给有关省级政府处置。对经验收合格入库的粮食，在库存检查、其他质量检验中或出库时发现重金属、真菌毒素超标的，由收储企业承担质量安全主体责任和相关经济损失，由当地政府按照国家有关要求组织处置和监管。湖南针对这一实际，要求各地把握好农业供给侧结构性改革释放的粮食生产从数量规模向质量效益转变的信号，对新型农业经营主体和种粮大户开展预检预约收购服务，提前摸排农户送售粮食数量质量情况，扶持和推广以"五代"为内容的产后服务，解决农民整晒、烘干、存放、质量损耗等问题。同时在前期重金属污染耕地修复及农作物种植结构调整试点的基础上，下放托市启动权力、加大市县政府责任、严格实行先检后收等方面摸索经验。人民向往美好生活，就得加强粮食质量安全管理，防止不符合食品安全标准的粮食流入口粮市场。

第四，认清水稻生产和稻米供需新情况。稻谷在我国居民的粮食消费中占比最大。2017 年稻谷产量创下 21267.6 万吨的历史最高纪录，但要看到，一是曾经一直是最大产量品种的稻谷，从 2011 年起屈居第二，被玉米赶超。二是 2013 年以来，稻谷占粮食总产量的比重均在 33% 以下，其中 2016 年低至 31.96%，为历史最低点，比最高年份的 47.14% 少了 15 个百分点。三是双季稻改单季稻、抛荒或自发休耕等现象不可忽视，有些地方还可能出现"休耕容易复耕难""减产容易增产难"继而引发"不购容易再购难"的现象。四是非正常途径进入国内的大米不是一个小数，要警惕这一现象掩盖国内大米的真实产销状况。五是随着生活水平的提高和保健意识的增强，居民对大米的质量格外看重甚至近乎挑剔。六是对不符合食品安全标准的粮食，按规定用途定向妥善处置并加强监管，可能减少合格粮食供应量，需要我们倍加爱惜稻米。人民向往美好生活，城镇化水平还会提高，米食覆盖率稳中有升，稻米的需求量就要增加。

第五，重点发展优质稻米和强筋弱筋小麦。这是 2017 年中央一号文件的明确要求。要处理好五个关系：一是普及与提高的关系。每个稻麦品种绝非永恒，一轮品种优质化后，不久可能变为普通稻麦，而为又一轮品种更新换代，所谓"优无止境"。二是市场与推广的关系。多地引导农民由"种得多"向"种得好""卖得好"转变，一些地级市称其优质稻推广面积占六七成、县市区达七八成甚至更多，专家却推算优质粳稻只占三成、优质籼稻只占一成。这里，地方是与昔日稻作比较，专家则用最新标准衡量，而行业却以市场需求为导向。优质强筋弱筋小麦也有类似情形。因而，除了国家、行业、地方、企业标准外，要加快绿色优质粮食评价指标研究。《主要农作物品种审定标准（国家级）》注重高产稳产、绿色发展和市场需求，值得理论与实际工作者关注。稻麦育种就是要做到高产绿色优质并重。三是常规与优质的关系。早籼稻实乃上乘的储备品种，是避灾粮食、米粉原料、耐饥米品，能与其他粮谷在粮食安全的时间、地域、用途上互为补充。早稻也有优质稻，中晚稻也有常规稻，其中有消费需求和消费层次的问题。四是成本与价格的关系。与常规稻相比，优质稻单产低 10% 左右，但销价仅高 10% 左右。对此要有舆论引导，要提高市场认知度，让加工商、批发商、经销商合理采买，消费者理性采购。五是营养与口感的关系。中国水稻研究所方福平研究员提出优质稻的食用优质、加工优质、功能优质，后者包括高锌大米、宜糖米（糖尿病患者专用）、低谷蛋白米（肾病患者专用）等，融保健与食疗于一体。他建议举办有公信力的优质稻米评选活动，由国家领导人出面颁奖。诚以为然，不妨一试。

前已述及，我国居民粮食消费经历了由少到多、由多到少的改变，它是一个由量变到质变的过程。2017 年我国城镇居民人均消费原粮 110 公斤、农村居民人均消费原粮 155 公斤，便是这一前进过程中中国人民告别饥饿岁月、享受吃饱时光、迎来吃好时代的一个消费节点。接下来，我们必须通过努力奋斗，从"吃饱到吃好"的消费模式向"吃得营养、吃出健康"的运作模式有序推进，这样我们才能真正称得上品味放心粮油，共享美好生活。

高举改革开放伟大旗帜 再创柏乡粮库转型发展新辉煌

尚金锁 河北柏乡国家粮食储备库主任

改革开放 40 年来，伴随全国粮食和物资储备改革发展的步伐，河北柏乡国家粮食储备库积极探索，勇于创新，走过了由小到大、由弱到强的发展历程，由一个基层的地方粮站成长为享誉全国的地方国有大粮库，成为全国粮食系统的一面旗帜。

党的十八大以来，河北柏乡国家粮食储备库以习近平新时代中国特色社会主义思想为指引，深入学习贯彻以习近平同志为核心的党中央提出的国家粮食安全战略，时刻牢记习总书记"确保国家粮食安全，把中国人的饭碗牢牢端在自己手中"的嘱托，全力加强粮食流通、储备能力建设，绿色储粮、智能储粮、精细储粮水平不断提升；紧紧围绕农业供给侧结构性改革，大力引导当地群众调整种植结构，推动粮食产业高质量发展，为全国粮食系统深化改革、转型发展作出了自己的努力和贡献。

一、紧跟改革开放步伐，与时代同行

柏乡粮库作为全国粮食系统的一面旗帜，不是一天造就的，而是随着改革开放的伟大历史进程，通过不断深化改革，才走出一条以艰苦奋斗起家、以改革创新兴业、与时代同行的发展之路。

1963 年，柏乡粮库的前身王家庄粮站成立，只有 4 亩地、6 个人、仓容不足 100 万斤，是当时河北省最小的一个基层粮站。1973 年，粮站更名为柏乡县粮食局镇内粮库，条件依然简陋，连"四无"标准都没有达到，可以说是一穷二白。

党的十一届三中全会召开后，柏乡粮库顺应时代大潮，紧跟全国粮食系统改革开放步伐，在大力开展科技创新的同时，以市场化改革为方向，不断深入推进管理经营体制机制改革，实行人本管理，坚持诚信经营，积极承担社会责任，各项工作收到了良好效果。

40 年间，柏乡粮库从一个 4 亩地、6 个人、仓容不足 100 万斤的河北省最小的基层粮站发展成为占地 500 亩、仓容量 10 亿斤、年经营量 30 亿斤的享誉全国的地方国有大粮库，仓容量、粮食经营量、利润总额、销售收入与 1987 年相比分别增长 62 倍、79 倍、123 倍和 218 倍，人均粮食经营量增长 17 倍，人均创利增长 27 倍，在粮食经营、管理和科学保粮等方面创下 10 项全国之最，实现了连续 31 年无亏损，年年盈利上台阶，人均创利、人均粮食经营量、吨经营量费用开支三项主要经济指标连续 21 年在全国同行业名列前茅。连续 5 届获得全国文明单位称号，连续 13 次被评为省级文明单位，先后荣获"全国五一劳动奖状""全国模范职工之家""全国粮食系统先进集体"等荣誉。2016 年，原国家粮食局作出决定，在全国粮食系统开展向柏乡粮库学习活动，组织柏乡粮库先进事迹宣讲团赴全国 15 个省（市、区）巡回宣讲 17 场，制作 6000 套宣讲会光盘发放至中纪委、中组部和全国粮食系统，在全行业弘扬柏粮精神。

我作为一名有着 48 年粮食工作经历的"老粮食人"，亲眼看见了改革开放前后柏乡粮库的巨大变化，亲身经历、参与、见证了柏乡粮库 40 年来改革开放的历程，无比深切地感到，柏乡粮库正是靠改革开放振奋了精神、凝聚了力量；靠改革开放激发了干劲、增添了活力；靠改革开放实现了发展、壮大了实力。没有改革开放，就没有柏乡粮库的今天。今后，柏乡粮库要继续发展壮大，当好全国粮食系统的一面旗帜，同样必须坚定不移高举改革开放伟大旗帜，不断在深化改革、扩大开放上取得新进展、新突破。

二、始终坚持党的全面领导，不断加强党的建设

坚定不移高举改革开放伟大旗帜，不断在深化改革、扩大开放上取得新进展、新突破，必须始终坚持党的全面领导，不断加强党的建设，这是保证改革开放始终沿着正确方向前进的根本保证。

40年来，柏乡粮库始终把坚持党的全面领导、加强党的建设放在首要位置，牢牢把握住企业改革开放的正确方向，为企业发展提供了坚强保障。

柏乡粮库能够取得今天的成就，最为关键的因素就是始终不折不扣、不讲条件地贯彻落实党中央关于粮食安全和粮食工作的各项决策部署，始终坚定不移坚持为国家粮食安全大局服务、为种粮农民服务，始终坚持充分发挥党组织政治核心作用和党员先锋模范作用。

我们不断强化政治学习，每年对职工进行政治和业务培训，学习国家粮食安全战略、党和国家关于粮食工作的重大部署以及粮食储存、经营业务知识，几十年没有间断。

我们坚持把党的领导融入到粮库经营管理的各方面、各环节，实现了党建和发展的"互动共赢"。凡是粮库改革发展重大事项、重要项目、中层以上经营管理人员任免和大额资金使用，必须首先经过党总支会研究通过，才能提交库领导班子会进行决策。党总支成员都是领导班子成员，领导班子成员都是党员干部，承担"一岗双责"，促进党企相互融合、无缝衔接。通过责任追究，倒逼各项决策落实到位，充分发挥党组织的监督检查作用。

我们划分"党员责任区"，设立"党员示范岗""党员示范库"，开展以"关键岗位有党员，技术创新有党员，困难面前有党员，党员身边无事故，党员身边无违规，党员身边无困难"为主要内容的"三有三无"

活动，指定每名共产党员联系 3~6 名群众职工，带领他们学政治、学文化、学技术，让粮库各项工作、各个角落都有党员在发挥作用，真正做到一个党员就是一面旗，最大限度地发挥先锋模范作用。

党的十八大以来，习近平总书记从党和国家事业发展全局的高度，反复强调全面加强党的建设、党的领导，发表了一系列重要讲话，提出了一系列新论断、新观点、新要求。以习近平同志为核心的党中央审时度势、科学决策，推动粮食安全理论创新、制度创新和实践创新，为我们在新时代加强党的建设、推动粮食企业改革发展提供了根本遵循。今后，柏乡粮库将按照总书记的要求，把全面加强党的建设和党的领导作为深化改革、推动发展的根本保证，把深化改革、转型发展作为贯彻总书记管党、治党思想的具体体现和践行"四个意识"的现实检验，把党组织建设得更加坚强有力，团结和带领全体职工不断深入推进企业各项改革。

三、始终坚持以人民为中心的发展思想

坚定不移高举改革开放伟大旗帜，不断在深化改革、扩大开放上取得新进展、新突破，必须坚持以人民为中心的发展思想，为群众服好务、为人民谋幸福，这是改革发展的根本目的，是推动改革发展的不竭动力。

改革开放 40 年来，柏乡粮库一直牢记全心全意为人民服务的宗旨，并根据"三农"改革发展的现实需求，从群众普遍关心的热点、难点着手，不断创新服务方式、拓展服务内容，千方百计致力于发展农业、造福农村、富裕农民。

20 世纪八九十年代，为解决农户储粮过程中虫咬鼠啃、霉烂变质损失大的问题，柏乡粮库经过多次探索试验，发明 8 种实用农户储粮技术在全市推广，帮助农民降低储粮损失 70% 以上，深受农民欢迎。进入 21 世纪后，随着粮食市场化进程的不断推进，柏乡粮库把扶农、助农的重

点放在帮助农民卖粮、引导农民调整种植结构、增加种粮收入上，有力地带动了当地农业种植结构调整和农业增效、农民增收。

党的十八大以来，随着全面建成小康社会进入"倒计时"，柏乡粮库积极投身于精准扶贫、精准脱贫的主战场。从 2015 年起，粮库积极协调资金帮助柏乡县的一个贫困村——北大江村搞特色农业，确定了"支部＋基地＋合作社＋农户"的富民新模式，引导乡亲们成立了奶牛专业合作社、葡萄种植专业合作社等，用合作社的"大手"拉起贫困人口的"小手"，共同脱贫致富奔小康。柏乡县委、县政府将北大江村命名为"柏粮小镇"。目前，全县已经形成了泰德隆长寿茶、牡丹油、小香薯等多个新型农业经济合作社，带动乡亲每年增收上千万元。

40 年来，柏乡粮库从农民群众不断变化的需求入手，倾情服务，全力奉献，父老乡亲也同样用真情回报柏乡粮库，为粮库改革发展注入了强大动力。比如，1998~2006 年，粮库分批征地 400 多亩进行扩建，征地涉及临城、柏乡两个县、4 个村、两家企业、800 多户村民。在征地拆迁过程中，没有一个人出难题、找麻烦，每次都只用三天时间就全部顺利签完合同。

粮库直接和老百姓打交道，农民兄弟信任、支持，我们的发展才有保障，工作才有依靠。我们对农民兄弟有多好，他们就会对我们有多好。今后，柏乡粮库将更好地坚持以人民为中心的发展思想，一如既往地竭尽全力服务群众，并在助力"三农"中加快自身改革发展步伐。

四、始终坚持社会主义市场经济改革方向

坚定不移高举改革开放伟大旗帜，不断在深化改革、扩大开放上取得新进展、新突破，必须始终坚持社会主义市场经济改革方向，不断深化管理经营体制改革创新，这是新时代既保证粮食安全又提高企业效益的必然选择。

改革开放以来，党和国家带领我们从计划经济走了社会主义市场经济自力更生解决了 13 亿多人民的吃饭问题。在此过程中，作为市场主体，柏乡粮库同样是靠不断推进市场化改革，才在市场竞争中焕发了勃勃生机和活力，更好担负起了守好"天下粮仓"的重任。

早在 1991 年，柏乡粮库就率先在全行业进行了改革。根据市场经营需要进行机构重组，划小核算单位，单独核算，工效挂钩。改革人事制度，职工实行全员合同制，干部实行竞争上岗的聘用制，职工能进能出，干部能上能下。改革分配制度，实行效益工资，上不封顶，下不保底。

领先一步的市场化改革，激发了全体员工开辟市场的热情，让柏乡粮库顺利跨过一个历史性"拐点"，为日后深化改革奠定了坚实基础。

市场经济就是诚信经济。在市场化改革过程中，柏乡粮库高度重视诚信建设，真正让诚信成了企业的形象、品牌、资产，成了现实的竞争力和生产力。

早在 1987 年，柏乡粮库就提出"经商如做人，诚信为本"的口号，并制定了 16 章 90 条岗位职责和 12 章 86 条《诚信经营守则》，做到对国家、农民、客户、银行、职工"五讲"诚信，一以贯之地坚持了 31 年，铸就了"人人讲诚信、事事讲诚信、时时讲诚信"的金字招牌。

柏乡粮库以诚信赢得了信誉和口碑，做到了收购有粮源、贷款有支持、销售有市场。300 多家长期贸易伙伴遍布全国 25 个省（自治区、直辖市），客户与柏乡粮库打交道，看重的就是品牌，诚实守信的无形资产真正转化成了实实在在的效益。

进入新时代，柏乡粮库将更好地把坚持社会主义市场经济改革方向贯穿于企业改革发展的全过程，努力在建立现代企业制度方面不断取得新进展，更好地靠改革增活力，向市场要效益。同时，柏乡粮库也将时刻牢记粮食是具有资源性、战略性、公共性和关系国计民生的"重要商品"，坚持市场化改革是为了更好保证粮食安全，把市场化改革获取的经济利益充分用于加快科技创新、提升管粮水平，调动职工保粮、护粮积极性等方面，更好地实现保护国粮安全和市场化改革的双赢。

五、始终坚持把创新作为第一动力

坚定不移高举改革开放伟大旗帜，不断在深化改革、扩大开放上取得新进展、新突破，必须不断推动科技创新，这是粮食企业转型升级、提质上档的内在要求。

我国要建设位居世界前列的技术先进、管理一流、高效运转、服务民生的现代化、生态化、智能化粮食储备体系，必须高度重视科技创新。粮食企业作为科技创新的主体，在推进科技创新中担负着义不容辞的责任和使命。改革开放 40 年来，正是依靠科技创新，柏乡粮库才既更好担负起了"保国粮"的任务，又持续增强了"闯市场"的底气。

几十年来，我们带领干部职工，克服文化起点偏低、试验条件简陋等重重困难，刻苦钻研、不懈攻关，完成了 16 个科研项目，其中 3 项填补国内空白，4 项填补省内空白。

为了全面把握科学保粮规律，我们花了整整 6 年时间，对气候变化与虫霉鼠雀危害粮食的关系进行了 8700 多次观察记录，获取了 62000 多个真实准确的数据，编绘出简单易记、便于操作的"粮食保管一年早知道示意图"，被业界称为"科学保粮小词典"。

为了破解高水分玉米不易保管的难题，我们用 5 年时间创造出"金钱孔"式通风垛，试验完成了"高水分玉米自然通风降水技术"，实现了不用烘干、不用晾晒，就可以使高水分玉米降水、保鲜、保质，与传统方式相比可降低费用 50%~70%，填补了国内空白。

为了解决东北大豆不耐高温容易走油的问题，我们根据用棉被裹着木箱卖冰糕的原理，研究出"大豆包衣安全储存技术"，三伏天大豆仓内粮温最高不超过 22℃，最低温度只有 8℃，创造了东北大豆在冀中南储存 3 年半时间依然保鲜的新纪录。

当今时代，科技发展日新月异，以信息技术为代表的新一轮科技革命正在深刻改变整个人类社会的生产、生活方式，与此同时，绿色发展、智能发展已成为大势所趋，这就要求我们必须进一步放宽视野、紧跟潮流，切实加快科技创新步伐。

今后，柏乡粮库将紧紧围绕绿色储粮、智能储粮、精细储粮，一方面通过深化内部改革，进一步调动职工科技创新的主动性、积极性，鼓励大家争当技术能手、行业尖兵，争取创造更多"具有自主知识产权"的科技创新成果；另一方面要主动走出去，不断深化和兄弟企业、大专院校、科研机构的合作，共同开展科技创新攻关，或引进、吸收、消化一批先进科研成果，不断推动企业科技水平迈上新台阶，为深化改革、转型发展注入强劲动力。

六、始终坚持以钉钉子精神狠抓改革落实

实干兴邦，空谈误国。坚定不移高举改革开放伟大旗帜，不断在深化改革、扩大开放上取得新进展、新突破，必须继承粮食系统的优良传统，苦干实干，以钉钉子精神狠抓改革落实，打造一支能打硬仗、善打胜仗的"粮食铁军"。

习近平总书记强调，改革争在朝夕，落实难在方寸。我们坚持把抓落实作为改革开放工作的重点，坚持一分部署、九分落实，以钉钉子精神把改革发展各项任务落到实处。

人们一提起柏乡粮库，都说那个地方可严呢！其实，这并不是柏乡粮库的规矩有多严、有多细，而是我们定一条，就不折不扣地落实一条，不讲人情面子，也不搞下不为例。

不管是规章制度，还是业务工作，都是有安排、有要求、有考核，把"严"落到实处，把"实"落到细处。在经营上，每个月、每一个阶段，粮库都根据经营实际，制定经营目标，排出月计划和日计划，分解

到每个经营单位，落实到每个人，一天一考核，一天一兑现。以收购为例，每天不管收购到多晚，即便是夜里 12 点，入库质量、收购进度和个人排名也都要在第二天早点名时公布，兑现奖惩。

为了便于追溯问责，粮库把麻袋口绳染成红、黑、蓝三种颜色，不同的颜色组合分别对应不同工序，把保粮护粮责任具体落实到每一个人。

一个个小小的"捡粮箱"，已经在粮库各个显眼位置挂了 40 多年——粮库职工随时随地都会把掉在地上的粮食捡起来，颗粒归箱。在这里，爱粮如命、惜粮如金的优良传统从来没有丢。

在柏乡粮库，风声、雨声就是命令。担心夜间下雨听不到，粮库职工发明了"雨鼓"——把洗脸盆罩上塑料布放在窗外屋檐下，只要听到雨打塑料布的"砰砰"声，就会应声而起，第一时间赶到粮库管护粮食。大风大雨中，盖粮苫布被刮开，粮库职工就用身体去压苫布，一次一次被风从粮垛上掀下来，又一次一次爬上去，有的人脚被钉子扎破了，竟然没有感觉到疼，直到完成护粮任务后，才发现自己受了伤。

这样一支特别能战斗的铁军队伍，就是在日复一日地对制度规范、经营管理任务的落实、落实、再落实中打造出来的。由此，我们得到一个启示：制度作为外在规范，约束着人的行为，但是外在的行为规范一旦成为人的内在信念，又能超越制度规范，激发出干部职工极大的主动性和积极性。

发展无止境，改革无穷期。柏乡粮库是吃市场饭、走改革路、打创新牌发展起来的。柏乡粮库过去靠改革开放，未来还要靠改革开放。进入新时代，面临新形势、新任务，我们将以习近平新时代中国特色社会主义思想为指引，把改革开放的旗帜举得更高更稳，坚定不移地做深、做透改革开放这篇大文章，全面贯彻落实党中央一系列决策部署，不断创造企业转型发展新辉煌，为新时代粮食工作作出新的更大贡献。

正大集团投资中国 40 年之路

彭　溪　正大集团

1979 年，正大集团创始人谢易初对中国的改革开放表现出极大的热情，希望正大集团赶紧行动，支持中国改革开放事业。身为泰籍华人的谢国民对发展中国的现代农牧行业抱有充分的信心，表示"未来的发展在中国"。1979 年，正大康地成为在深圳成功注册的中国首家外资企业，获批准证书"深外资证字 0001 号"，标志着正大集团成为第一家进入中国的外商投资企业，从此翻开外资企业融入中国改革开放的新篇章，开启了正大集团 40 年开拓奋进的发展历程。

40 年来，从泰国到中国，从深圳到北京，从南头饲料厂到北京 CBD 的正大总部大厦，正大集团一路发展，成为改革开放大背景下外企在华投资发展的成功范例，证明了中国的改革开放不仅惠及了中国人民，也是惠及海内外中华儿女、惠及世界的伟大实践。

一、始终坚持"利国利民利企业"原则，不断加大在中国投资发展的力度，是中国改革开放的支持者、参与者、贡献者、受益者

从正大集团创始人谢易初开始，正大集团一直有着深厚的中国情结，并始终把"三利原则"作为正大投资发展的经营理念。中国改革开放政策刚刚提出，正大集团便开始在中国投资建厂，在诸多领域都成为了引领者。正大优质的产品、先进的技术、现代化的经营模式，成为国内很多企业学习模仿的对象。40 年来，正大集团始终扎根中国，先后在中国兴建合资和独资企业，投资区域遍及除西藏以外的所有省份。农牧食品是正大集团在中国最主要的投资项目，正大集团中国区农牧食品企业共390 余家，总投资额 540 多亿元，员工近 5 万人。

"一带一路"倡议提出以后，正大集团积极推动倡议在海外落地。集团与上汽集团、北汽集团、中信集团、中国移动、阿里巴巴等大型企业合作，整合各方优势资源，助力"一带一路"中泰合作项目在泰国实施，为中泰两国的经济建设作出重要贡献，起到了引领作用。

二、不断创新农牧产业化经营模式，从早期的中国现代饲料产业到"一条龙"模式，打造"从农场到餐桌"的全产业链，引领中国农业产业化发展

20 世纪 80 年代，正大把现代饲料业的理念带入中国，中国的饲料工业实现了从无到有、从小到大、从弱到强的跨越式发展。改革开放之前，中国没有饲料工业，饲料企业基本上都是粮食部门下属的加工厂，只能粗放生产混合饲料，处于低级阶段。改革开放后，正大集团看中亟待发展的中国饲料市场，率先投资开发，推动全价料与预混料的专业化生产。正大引进先进的动物营养饲料概念和技术，首创出全价配合饲料，用优质的原料、先进的配方、现代化设备生产出一流的产品，赢得广大养殖户的信赖，为中国饲料企业树立了样本。正大还引入了现代企业管理经营方式和经验，建立完善了一整套健全的质量管理和保障体系，饲料标准、饲料产品及生产性能指标均达到了国际先进水平，安全可靠，营养价值高。

20 世纪 90 年代初，正大引入了畜禽养殖理念和专业技术，通过现代化规模养殖和标准化养殖，开启了肉鸡"一条龙"模式，产生了巨大的示范效应。由于饲料业与种植业、养殖业联系紧密，正大集团在中国饲料业的投资，大大推动了上下游产业的发展。工业优质饲料的推广使用，大大提高了农户饲养水平，带动了养殖业从传统"小而散"到"大而专"现代养殖的转变。以肉鸡养殖为例，正大实行的现代化养殖方式不仅实现了肉鸡在饲养数量上的飞跃，而且拉动肉鸡养殖实现了质的提升，推动了我国肉鸡养殖业的产业化发展。与此同时，正大首先在中国建立艾维茵肉用原种鸡鸡场，使中国从此不再从外国引进种鸡，肉鸡质量达到世界标准，中国也成为了世界上重要的肉鸡出口国。

此外，正大还为农户提供畜禽种苗和饲养技术，指导农户生产管理，帮助他们解决融资难题，降低了农户的养殖风险，提高了养殖效益，引导和扶持农民走上了规模化、现代化的养殖道路，极大地促进了中国农牧业的发展和经营方式的变革。

20 世纪 90 年代，正大集团率先将肉鸡育种孵化与饲料生产、养殖、屠宰及深加工为一体的企业经营模式搬到中国。此后，农牧业产业经营一条龙模式在中国被不断复制，出现了一大批农牧业经营一体化的代表性企业。一条龙经营模式，成为一部分大型饲料企业向现代化畜牧业企业转移的主要选择。

21 世纪，正大集团率先打造了从"农场到餐桌"安全、生态、高效、现代的食品全产业链。正大集团建立起从种植、种禽、孵化、饲养、屠宰、深加工，最后到终端零售的全产业链体系，通过培育和选用优良的品种，全程饲喂正大自产的安全优质饲料，采用先进、科学的饲养管理模式和严格的防疫制度，确保生产出安全、优质的畜禽类肉、蛋产品。通过加强畜禽养殖和食品加工一体化经营，从农场到食品厂，再到销售流通的各个环节都做到有效管理，最终实现"从农场到餐桌"全程可控。

目前，正大养殖业已覆盖猪、肉鸡、蛋鸡、肉鸭、鱼、虾等。食品种类丰富，包含鸡蛋、禽肉、猪肉、水产等生鲜食品；速冻面点、休闲小食、方便餐、香肠等方便食品，以及葡萄酒、茶叶等饮品。正大在中国的饲料产业已经成熟完善，未来将继续发展养殖业和食品深加工。

三、率先将饲料、养殖、农牧业的先进理念、技术设备、资金引进中国，培养一大批农牧业精英，成为中国农牧业的"黄埔军校"

40 年来，正大集团培养了一代又一代的中国农牧业精英，储备了一批又一批农牧人才队伍，对普及先进的农牧业理念、提高现代化管理水平起到了巨大的推动作用。正大集团在各地的农牧企业举办各种培训班、讲习班、推广会，受益农户数以千万计，使农民成为养殖专业户。举办企业内部职工的专业知识、技能、管理水平的培训，使员工能够更好地适应现代化养殖的需要，成为行业专家。同时，正大集团还为中国农业大学、浙江农业大学、华南农业大学建立肉鸡饲养中心、培训中心，资助教育事业，为中国农牧业各类人才的培养、储备作出重要贡献。

四、坚持品质、安全、绿色发展理念，打造正大的品牌价值，做农业可持续发展的典范

正大集团通过打造全产业链，在保障食品安全、发展农业循环经济等方面作出努力。集团依托其肉鸡、生猪全产业链，采用国际一流的自动化生产工艺和设备，执行最严格的食品安全监控体系，为消费者提供便捷、安全、营养、美味的食品。正大食品建立了从农场到餐桌的全产业链双向可追溯体系，涵盖种植管理、养殖管理、产品研发、屠宰分割、原料验收、生产加工、产品检测、产品储藏和运输、零售和餐饮以及顾客体验十大环节，并在种养、原料、加工、终端等方面开展重点监测，先后通过 HACCP、ISO9000、ISO22000 体系认证，并取得 BRC（英国零售商协会）认证，全面保障食品安全。

2010 年，正大集团在慈溪现代农业生态产业园已形成规模化的优质粮食、精品水果、蔬菜三大主导产业，并相应配套规模化畜禽养殖，打造了一个种养结合的生态循环格局。园区占地 3.9 万亩，是集种植、养殖、食品研发、食品加工、生鲜物流、牧业机械制造、房地产开发、生态旅游观光、金融服务、电子商务、培训、特色小镇等多个产业功能区块于一体的多元化产业园区和涵盖产业最多的综合性园区。目前正大慈溪现代农业生态产业园已设立公司 20 多家，完成投资超过 20 亿元。未来正大慈溪现代产业园将打造成国内外一流、综合性的现代农业产业园建设样板。

2016 年正大集团在内蒙古建成并投产了 100 万头生猪全产业链项目——正缘项目，总投资人民币 3 亿元。项目包括了生猪养殖、绿色种植，而且打造了种养结合、粪水还田的生态养殖模式，被原农业部授予全国首批"畜禽养殖废弃物资源化利用种养结合示范基地"，也是集团"种养加销一体化"绿色可循环的全产业链模式的综合示范项目，将对于带动地区农牧业现代化发展，加速迈入农业 4.0 时代意义巨大。

五、通过产业扶贫帮助农民致富，实现永久脱贫

正大集团作为农牧龙头企业，进入中国以来，积极与农户、政府以及相关组织机构开展深入合作，创造性提出了"产业带动、精准扶贫"理念，并在发展过程中不断探索和创新扶贫发展模式，从早期的"公司 + 农户"模式，发展到近几年的"四位一体"模式等。这不仅促进了中国农业产业化、现代化发展，而且通过这种产业扶贫模式，让贫困户成为扶贫产业的股东，拥有了实现持久脱贫、长期增收的自有产业，为广大农民和贫困户带来了财富和幸福。

20 世纪 90 年代，正大集团率先引入和实行"公司 + 农户"模式，随后又与时俱进地开创了"政府 + 企业 + 银行 + 农业合作组织"的"四位一

体"模式。该模式最先成功应用到北京平谷正大，将政府、企业、银行和农民合作社各自的政策、技术、资金和土地资源优势整合，解决了农民缺资金、缺技术、缺市场等难题，通过搭建多方融资平台撬动资金流动，对接农民专业合作组织进行项目运作，实现了多方共赢。目前，这种成功模式已经推广运用到了种植事业、蛋鸡事业、猪事业和食品加工事业等领域。正大集团与四川省梓潼县政府合作，联合打造集生猪养殖、饲料、屠宰、深加工为一体的正大（梓潼）50 万头生猪全产业链项目。这种受惠全县贫困户的种养结合、生态循环的"1＋5"产业扶贫新模式，在产业带动、精准扶贫、绿色发展等方面，都具有引领和示范效应。正大集团还因地制宜地开展其他不同类型的多种产业扶贫项目，对农户和贫困户种植的茶叶、葡萄实行保护价收购，确保了农民收入，有效规避了种植风险，实现长期脱贫。

确保我国大豆供给安全需要综合施策

李国祥　中国社会科学院农村发展研究所研究员

尽管世界多数国家将大豆作为油料作物，但我国一直将大豆作为粮食作物，可见大豆在我国农产品供给中的地位和作用。大豆曾经是我国重要农作物之一。但是，加入世界贸易组织后，由于国际市场大豆价格较低，加上进口关税也很低，国内对大豆生产者支持力度不够，尽管国家也曾实施过大豆振兴计划，但是加入世界贸易组织后相当长时间内出现国产大豆生产不断萎缩的态势，直到 2016 年国产大豆萎缩态势才有所扭转。目前，国内大豆供给已经形成了高度依赖进口的格局，2018 年中美经贸摩擦发生，虽经多轮谈判，但目前仍然没有达成协议，我国把进口美国大豆作为反制对象，很现实地敲响了我国大豆产业安全乃至国家粮食安全的警钟。重新思考我国大豆供给结构，确定国内大豆合理的自给率，处理好大豆进口与国内产业振兴之间的关系，并采取有效措施，对于促进我国大豆产业安全和供给安全意义重大。

一、我国大豆供给来源现状及其演变

我国自 2001 年加入世界贸易组织以来，大豆进口规模呈现出加快扩大态势，进口已经成为国内大豆供给的主要渠道，而国内大豆生产整体上呈现出萎缩或者徘徊态势，在大豆供给中地位不断下降。2018 年，我国大豆国内产量 1600 万吨，进口量却达到 8803 万吨，大豆进口量是国内生产量的 5 倍多。如果不考虑库存量，按照年度国内产量在国内供给量中的比重计算，2018 年国内大豆的自给率只有 15.4%，国产大豆在国内大豆供给中占比严重偏低，表明国内大豆消费和供给已经形成了高度依赖进口的格局。

1995 年前，我国很少进口大豆，国内大豆消费基本由国内生产满足，进口大豆仅仅在国内大豆供给中处于补充的地位。加入世界贸易组织后，大豆进口量呈现加快扩大态势。2000 年我国大豆进口量首次突破 1000 万吨，2003 年我国大豆进口量突破 2000 万吨，2007 年我国大豆进口量突破 3000 万吨，2010 年我国大豆进口量突破 5000 万吨，2013 年我国大豆进口量突破 6000 万吨，2014 年我国大豆进口量突破 7000 万吨，2015 年我国大豆进口量突破 8000 万吨，2017 年我国大豆进口量突破 9000 万吨。可见，加入世界贸易组织后我国大豆进口量增加态势大致分为两个阶段：2013 年前每隔 3~4 年大豆进口量新增 1000 万吨；2014~2017 年每隔 1~2 年大豆进口增量就是 1000 万吨。

加入世界贸易组织以来，我国大豆进口额增长速度明显地快于农产品进口总额的增长速度，大豆进口成为我国农产品国际贸易发展中最值得关注和研究的典型。从 2000 年到 2018 年，我国大豆进口额从 22.7 亿美元增加到 380.6 亿美元，增长 15.8 倍，大约是同期其他农产品进口额增长倍数的双倍。大豆进口规模加快扩大，大豆进口额占比呈现出明显的上升态势。从 2000 年到 2018 年，我国大豆进口额在农产品进口总额中比重由 20.2% 上升到 27.8%。

加入世界贸易组织后直到 2017 年，尽管近年国内大豆生产有所恢复，但国产大豆生产整体上在波动中呈现出"萎缩"态势。从 2000 年到 2017 年，国产大豆产量由 1541 万吨减少到 1455 万吨，下降了 5.6%。其中，国内大豆播种面积同期由 930.7 万公顷减少到 780.0 万公顷，下降了 16.2%。可见，国产大豆供给量减少，主要是播种面积减少所致。这种状况直到 2018 年才有所改变。根据国家统计局数据，2018 年，我国大豆产量比上年增加 73 万吨，增长 4.8%。其中，大豆种植面积 840 万公顷，比上年增加 15.5 万公顷，增长 1.9%。

客观来说，加入世界贸易组织前期，国内大豆生产还是受到重视的。2004 年和 2005 年我国大豆播种面积基本保持在近 960 万公顷，比 2000 年增加约 30 万公顷。在大豆播种面积保持总体稳定并略有扩大的基础上，国内大豆产量在 2004 年达到历史最高水平，超过 1700 万吨。但 2006 年和 2007 年国内大豆生产出现了滑坡。受 2007 年国际大豆市场价格快速上涨和国内大豆供给受到严重波及，2008~2010 年，国内大豆生产有所恢复，播种面积基本保持在 900 万公顷，产量恢复到 1500 万吨左右水平。2011 年，国内大豆生产再现"萎缩"态势，到 2015 年国内大豆播种面积降到 650 万公顷，大豆产量不足 1200 万吨。

近年来，在农业供给侧结构性改革推动下，我国大豆生产"萎缩"的态势出现扭转。2017 年，我国大豆播种面积已经恢复到 780 万公顷，比 2015 年增加约 130 万公顷，增长近 20%；大豆产量恢复到 1455 万吨，比 2015 年增加近 300 万吨，增长近 24%。

国内大豆供给结构中，如何看待加入世界贸易组织以来国产大豆与进口大豆占比呈现出的"剪刀差"态势？对于居民食物消费结构升级和国内资源禀赋来说，问题不在于我国该不该进口如此大规模的大豆，关键的问题在于国内大豆生产是否需要保护，是否需要保障国内大豆合理的自给率。我国经济的发展和居民生活水平的提高，重要标志之一是动物源性食物消费不断增加，这就必须要增加蛋白饲料和其他饲料来源，其中大豆是目前世界公认的理想蛋白饲料来源。与其说我国快速增加大豆进口，是满足食用植物油需求，还不如说是满足蛋白饲料需求，或者二者兼而有之。为了满足国内需求，面对国内土地资源总量不足矛盾，扩大大豆进口是必然的理性选择，具有缓解我国资源不足和更好满足消费升级双重功效。

二、我国大豆自给率过度下降主要是大豆生产比较效益低

从不同视角分析我国大豆供给格局形成的原因，给出的观点可能不完全一致。但是，从大豆生产者来说，国内大豆生产并没有因为国内需求增长而扩大，反而呈现出"萎缩"或者徘徊态势，最重要的原因是大豆生产比较效益低。

通常情况下，同一地块能够生产大豆，就可以生产玉米。在现实生活中，生产者拥有生产经营决策自主权，是生产大豆，还是生产玉米，主要影响因素是大豆和玉米的比较效益。如果不考虑土地成本和劳动力成本，我国农民生产玉米的现金收益明显地高于大豆，多数年份玉米现金收益是大豆的 1.5 倍甚至 2 倍以上，如此的比较利益格局，农民必然会选择种植玉米而不种大豆。如果考虑土地成本和劳动力成本，规模经营户流转土地并雇用劳动力种植大豆，如果市场价格每斤低于 2.2 元，则净利润就是负数，也就是说，大豆规模经营在市场竞争中总是面临亏损风险。现实中国产大豆虽然价格普遍高于进口大豆价格，但每斤销售价格高于 2.2 元的情形很少，这就是为什么玉米生产可能会出现流转土地实现规模经营的而大豆基本没有流转土地实现规模经营的经济动力原因。

除了市场价格决定的比较效益低之外，国内大豆生产支持政策没有发挥应有的作用也是重要原因之一。进入新时代，与棉花目标价格改革试点一样，我国曾经把东北三省和内蒙古大豆生产作为目标价格改革试点。相比较棉花，同样都开展了目标价格试点，但新疆棉花生产地位总体上不断巩固提高，而东北三省及内蒙古大豆目标价格总体没有取得预期效果，最终国家放弃了大豆目标价格政策，而新疆棉花目标价格政策在完善后继续实施。

在国际大豆低价恶性竞争格局下，探索我国有效的大豆生产者支持政策，对于保持一定的国产大豆自给率，显得十分重要。比较中美大豆

生产者收益，不难发现美国大豆生产者比较效益也是偏低的，甚至个别年份美国大豆生产者净利润是亏损的。在美国大豆生产者收益偏低的情况下，美国仍然保持大豆生产世界大国地位，这应该与美国大豆生产者支持政策直接相关。

国内大豆生产格局变化，可能还受到其他因素影响，但国产大豆供给"萎缩"的主要原因应该是生产者种植大豆经济动力不足。

三、确保国内大豆供给安全需要综合施策

我国大豆供给高度依赖进口格局的形成，尽管原因多种多样，结果的评价可能也很难一致。毫无疑问，深入分析和评价我国大豆供给来源及其结构并采取适当举措，不同观点及其争议，对于我国农业更好地适应进一步扩大对外开放而不是简单地固守"封闭"思维来谋划我国大豆乃至其他农产品产业安全，确保国家粮食安全和食物安全，更具有重大的现实意义。

面对我国资源禀赋现实和大豆刚性需求，过高追求国内大豆供给自给率不太现实，但这并不意味着国内大豆生产完全面向国际竞争，国内大豆供给来源及其结构完全由国际市场来决定。面对国内大豆供给的复杂形势，需要合理确定我国大豆供给来源及其结构，坚守食用大豆高度自给，适度发展油用大豆，为此要采取相应的对策措施。

要发挥科技创新作用，确保大豆生产能力稳定提高。国内大豆价格相对较高而效益仍然偏低，一个重要原因是国内大豆生产单产水平不高且不稳定。解决大豆单产总量，必须要加强科技攻关，培育大豆优良品种，在确保大豆品质前提下，尽快提高大豆产量，实现增产增收，这一途径效果最明显，也最易被农民接受。

适度增加大豆资源配置。在我国农业资源，特别是耕地资源有限的条件下，权衡大豆与其他农作物生产的重要程度基础上，要合理增加大

豆生产的资源配置。国产大豆在国内大豆总供给中不断减少，既是我国大豆单产水平较低的结果，也是大豆配置的耕地等资源较少的结果。在东北地区，相比稻谷等而言，大豆的重要性显然更低。大豆虽然没有稻谷重要，但并不意味着大豆种植面积一定不能增加。在保障口粮绝对安全条件下，特别是东北地区粳稻产量高和库存多情况下，适度扩大大豆种植面积是合理的。

要加大大豆生产国内支持力度。要把支持大豆生产与稻谷、小麦和玉米基本等同起来，要权衡大豆国际国内比价以及国内大豆玉米等生产比较效益，在世界贸易组织农业规则许可的范围内，合理地确定大豆生产的国内支持措施和水平，将大豆支持保护政策与合规性和激励性统一起来。要从绿色生产和农业可持续发展要求出发，政策着力点放在促进大豆和其他作物轮作上，实现大豆国内生产的多重功能。

鼓励大豆全产业链发展。考虑到国内大豆生产受到资源约束这种状况难以改变的现状，发展国内大豆的重点是确保食用大豆国内供给。国内大豆既有传统的直接食用需求，又有不断增长的油用需求。综合来看，在有限资源条件下，国产大豆生产应优先守住食用大豆消费需求，这样既可以通过相对较高的价格保障大豆合理的比较效益，又可以发挥有限资源的最大效能，可行性和必要性都相对较强。优先保障食用大豆国内生产的基础上，适度发展油用大豆生产，除政策支持外，可行的途径之一是发展订单生产，强化产业链，提升价值链。

加强大豆市场秩序管制。根据我国居民对食用大豆消费需求的特点，要加强监管，避免进口转基因大豆流入食用大豆产业。对于直接食用大豆企业违规使用进口大豆的，要加大处罚力度。

当然，不管国内大豆生产如何发展，未来我国大豆供给依赖进口的格局难以改变，这就要求应进一步扩大国内大豆供给不同来源渠道，增强进口大豆话语权，分散大豆进口来源风险，鼓励农业"走出去"利用国外农业资源发展大豆生产。

对于农民专业合作社非议从何而起

孔祥智　中国人民大学农业与农村发展学院教授

据农业农村部初步统计，截止到 2018 年 9 月底，我国依法登记的农民专业合作社总数为 213.8 万家，入社农户占全国农户总数的 48.5%，平均每个村有 3~4 家农民专业合作社。按照 2013 年中央一号文件的判断，"农民合作社是带动农户进入市场的基本主体，是发展农村集体经济的新型实体，是创新农村社会管理的有效载体"。21 世纪以来的 15 个中央一号文件，都对农民专业合作社发展进行了部署。2018 年 9 月 21 日，中共中央政治局就实施乡村振兴战略进行第 8 次集体学习，习近平总书记在主持学习时强调，"要突出抓好农民合作社和家庭农场两类农业经营主体发展，赋予双层经营体制新的内涵，不断提高农业经营效率"，充分肯定了农民合作社的作用。

长期以来，学术界和社会上就存在着对于农民专业合作社的负面议论，诸如"假农民专业合作社""空壳农民专业合作社"等，甚至有人提出了"假"农民专业合作社的比例。那么，为什么会出现这种情况呢？

一、在现代农业发展过程中，农民专业合作社的确起到了不可替代的重要作用

中国农民专业合作社是在龙头企业的夹缝中成长起来的。20 世纪 90 年代，始于山东诸城的"贸工农一体化"以"农业产业化"为名迅速在

神州大地开花结果，"公司＋农户"模式逐渐形成。党的十五届三中全会通过的《中共中央关于农业和农村工作若干重大问题的决定》指出："农村出现的产业化经营，不受部门、地区和所有制的限制，把农产品的生产、加工、销售等环节连成一体，形成有机结合、相互促进的组织形式和经营机制。这样做，不动摇家庭经营的基础，不侵犯农民的财产权益，能够有效地解决千家万户的农民进入市场、运用现代科技和扩大经营规模等问题，提高农业经济效益和市场化程度，是我国农业逐步走向现代化的现实途径之一。"

农业生产区域化、专业化格局的形成得益于农业产业化政策的推行。但是，这一模式存在着天然的缺陷，就是企业和农户之间缺乏有效的利益联结机制。二者由于分别属于买和卖两个环节，因此处于矛盾的对立面。为此，双方都进行了不懈探索，终于找到了缓解、调节矛盾的中介组织形式，即农民专业合作社。《中华人民共和国农民专业合作社法》（简称《农民专业合作社法》）实施以来，农民专业合作社的确起到了联结企业与农户、调节二者之间利益关系的重要作用。一些企业还在发展过程中汲取了农民专业合作社经验，逐渐走出了一条具有中国特色的龙头企业发展之路，即企业合作社化。

通过成立农民专业合作社或者联合社，与龙头企业对接，能够保护农民利益。当然，农民专业合作社或者联合社要想与龙头企业对接，首先需要自身力量强大。这就要求农民专业合作社发展必须要提高为成员服务的水平，使成员在互助和服务中创造更多的价值。现实中，农民专业合作社在产前、产中、产后三个环节都能够为成员提供社会化服务。

21 世纪以来，农民专业合作社在现代农业建设中起到了至关重要的作用。然而，并不是所有农民专业合作社都能够充分发挥作用。实际上，能够对成员有明显带动作用的大体只占总数的 1/3 左右，基本没有发挥作用或者已经趋于倒闭的占 1/3 左右，剩下的 1/3 介于两者之间。由此可见，我们并不能以偏概全，既不能认为所有的农民专业合作社都在发挥作用，也不能认为所有（或者80%以上的）农民专业合作社都是"假合作社""空壳合作社"。

二、对于农民专业合作社非议的主要原因

事实上，即使以盈利为目的的企业，也有相当一部分基本没有运作或者运作一段时间后由于各种原因趋于沉寂甚至倒闭。此外，在民政部门注册的社会团体中，如协会、学会等，也有相当一部分很少开展活动甚至基本没有活动。那么，人们对于农民专业合作社的非议来自哪里呢？

1. 政府把农民专业合作社作为承担农业政策的重要主体，农民专业合作社接受了相应的项目资金或补贴。《农民专业合作社法》规定："国家通过财政支持、税收优惠和金融、科技、人才的扶持以及产业政策引导等措施，促进农民专业合作社的发展。"这就使全社会对于农民专业合作社的规范性、带动性等提出了更高的要求。尽管各级政府都规定了农民专业合作社承担项目或享受相应优惠政策的标准，但是，受多种因素影响，一些不符合条件的农民专业合作社承担了农业农村建设项目或者享受了政策优惠。因此，少数农民专业合作社也千方百计希望得到政策优惠或者财政支持。

尽管上述现象客观存在，并且难以完全避免，但是，农业农村项目或政策执行主体的确定都必须设定严格的条件和标准，而且要具有严格的监管和审计程序，不符合标准的农民专业合作社很难进入。目前，全国各级示范农民专业合作社共有近20万家。国家级示范社的标准共有5大方面，即民主管理好、经营规模大、服务能力强、产品质量优、社会反响好。其中，每一方面都设置了硬性标准，如"经营规模大"要求"经营规模高于本省同行业农民专业合作社平均水平"，而对于农机合作社，则要求"拥有农机具装备20台套以上，年提供作业服务面积达到1.5万亩以上"。严格意义上讲，纳入各级示范社的农民专业合作社都是

规范且带动能力较强的。

2. 地方政府为了完成某一农业农村项目，要求成立农民专业合作社。比如，为了实现精准脱贫，一些贫困县要求每个村都成立农民专业合作社，以适应"三变"的要求，即资源变资产、资金变股金、农民变股民。这样的农民专业合作社当然是不符合相关规定的，一些农民甚至都不知道自己成为了农民专业合作社成员，而且也不是每个农民专业合作社都能正常开展经营活动。目前，社会上所谓的"假农民专业合作社""空壳农民专业合作社"多指这类农民专业合作社。

3. 农民专业合作社多元化目标引起的混乱认识。国际合作社联盟通过的《关于合作社特征的宣言》指出，合作社是由自愿联合的人们，通过其共同拥有和民主控制的企业，满足他们共同的经济、社会和文化需要以及理想的自治联合体。在这个定义里，尽管明确了合作社的企业性质，但同时认为合作社不同于一般企业，是一个能够满足成员多元化需求，即经济、社会、文化以及理想的自治共同体，为合作社发展规定了多个目标。从欧美国家来看，新一代合作社的兴起实际上就是对多元化目标的摒弃。在发达国家，一个国家的一种农产品主要由一个或少数几个合作社垄断经营，无论农民还是合作社都在追求经营效率，即经济目标，其他目标从属于经济目标。

而在中国，合作社从来就是实现理想的载体，20 世纪 50 年代合作化运动时期是如此，现在依然如此。因此，面对同一个合作社，从经济角度，由于规模过小，因而产生了"空"的印象；从社会文化角度，由于不能完全满足民主管理的要求，因而产生了"假"的印象。但实际上，能够满足所有目标要求的合作社基本上是不存在的，即使偶尔出现这样的合作社，也很难发展下去。我们应该看到国际合作社发展的大趋势，对于合作社的认识和要求应该回归到其本源上来，即合作社就是一种企业——投资者所有、投资者受益的企业，也就是"民办、民管、民收益"。

三、正确认识合作社需要去除"本本主义"思维方式

中国农民专业合作社绝大多数是异质的，比如，出资的异质性、交易量的异质性、个人经历的异质性等，因而每个成员对农民专业合作社的贡献差异较大。一方面，从出资角度来看，大多数农民专业合作社都是由少数成员出资。尽管法律在具体条款设计时体现了这一特征。比如，规定"农民专业合作社成员大会选举和表决，实行一人一票制，成员各享有一票的基本表决权。出资额或者与本社交易量（额）较大的成员按照章程规定，可以享有附加表决权。本社的附加表决权总票数，不得超过本社成员基本表决权总票数的百分之三十"，就是在决策时体现了对部分出资额或交易量（额）较大成员利益的保护。"可分配盈余按成员与本社的交易量（额）比例返还的返还总额不得低于可分配盈余的百分之六十；返还后的剩余部分，以成员账户中记载的出资额和公积金份额，以及本社接受国家财政直接补助和他人捐赠形成的财产平均量化到成员的份额，按比例分配给本社成员"，即在分配时体现对出资额和交易量（额）较大成员利益的保护。但是，当一个农民专业合作社的出资人是少数成员时，上述 20% 的附加表决权和 40% 的资金分配权能够体现出资的贡献吗？

另一方面，完全没有出资或者仅仅象征性出资的成员凭什么按照交易量（额）参与盈余分配呢？这本身在逻辑上就很难说得通。好在中国农民在发展农民专业合作社的过程中采取了实用主义做法，按照包括出资、交易量（额）在内的各种贡献综合考量后进行决策和分配，因而很多合作社突破了上述 20% 和 40% 的限制，或者有更加合理的决策和分配方式。

此外，中国农民专业合作社构成非常复杂，既有上面谈到的以异质性为主，更有农机专业合作社、土地股份合作社、在"三变"政策框架

下以多种资源入股的合作社等，无法完全按照《农民专业合作社法》的框架进行运作，只能由成员根据《农民专业合作社法》所确定的基本原则进行变通。因此，如果我们在观察中国农民专业合作社时，完全按照现行法律的"本本"生搬硬套，甚至以罗虚代尔原则作为标准进行衡量，那么得出的结论一定会是南辕北辙，最终必定会损害农民的利益，迟滞中国农业现代化进程。因此，评价中国农民专业合作社一定要从实际出发，切忌"本本主义"思维方式。

我国玉米主食产业发展现状及趋势研究

洪　涛　郗红梅　北京工商大学
王鹏昊　中国粮食经济杂志社

中国粮食经济学会和中国粮食经济杂志社承担的《我国玉米主食产业发展现状及趋势研究》，是原国家粮食局 2018 年度重点研究课题。

2018 年 7 月 31 日至 8 月 4 日，中国粮食经济学会、中国粮食经济杂志社和北京工商大学组成联合调研组先后到黑龙江、吉林、辽宁三省进行了专题调研。调研组考察了朝阳华兴粮食开发有限公司、锦州滨海国家电子商务示范基地、吉林省农嫂食品有限公司、吉林省恒昌农业开发有限公司、中吉集团微粮平台（社区电商连锁服务平台）、黑龙江成福食品集团有限公司等企业，与当地粮食局进行了座谈。9 月，调研组请教了有关专家，查阅了相关资料，对课题进行了修改完善，并形成了定稿、结题。

一、我国玉米主食产业化现状

（一）我国玉米主食产业化背景

通过下表可知，2005~2015 年，我国玉米的播种面积不断增加，玉米连年获得丰收。2015 年，我国取消玉米临储，调减玉米产量，加快玉米"去库存"。2016 年，玉米价格和种植面积都有所下降。2017 年，玉米的种植面积在此前的基础上继续下降。在玉米非优势产区"镰刀弯"地区大幅度调减玉米播种面积，实行粮改饲、粮改豆，增加杂粮和豆类的播种面积，扩大花生、中草药材等非粮作物面积，农业种植结构更加优化。

2005~2017 年我国玉米生产情况

年份	玉米播种面积 （千公顷）	玉米产量 （万吨）	玉米单位面积产量 （公斤/公顷）
2005	26358.30	13936.54	5287.34
2006	28462.98	15160.30	5326.32
2007	29477.51	15230.05	5166.67
2008	29863.71	16591.40	5555.70
2009	31182.64	16397.36	5258.49
2010	32500.12	17724.51	5453.68
2011	33541.67	19278.11	5747.51
2012	35029.82	20561.41	5869.69
2013	36318.40	21848.90	6015.90
2014	37123.39	21564.63	5808.90
2015	38119.31	22463.16	5892.90
2016	36767.69	21955.15	5971.30
2017	35450.00	21589.00	6089.98

2015 年，全国玉米产量 22463.16 万吨，同比增加 898.53 万吨；年玉米库存量甚至超过了玉米年产量；年消费量仅在 17500 万吨左右。导致这一现象的原因是多方面的，一是由于人们的生活水平日益提高，玉米用于深加工以及饲料化转化的需求越来越大，导致玉米的种植面积不断扩大。二是由于玉米的价格无论在国外还是在国内都有逐渐走高的态势，导致农民更多地种植玉米。

（二）玉米主食产业化现状

1. 鲜食玉米种植面积达 2000 多万亩。目前，世界范围内的甜玉米产业发展总趋势稳步上升，我国鲜食玉米种植面积已达 2000 多万亩，甜玉米鲜穗消费发展迅速，极大地带动了甜玉米鲜穗种植，尤其是中高端品质品种的种植。2018 年，全国鲜食玉米学术研讨会上展示了 400 个鲜食玉米品种，包括甜玉米、糯玉米和甜糯玉米等多个品种。

2. 玉米加工品多样化发展。近几年来，通过市场化途径，我国鲜食玉米加工业也得到较大的发展，包括鲜食玉米加工、鲜食玉米速冻、鲜食玉米真空包装、鲜食玉米深加工，玉米种子、玉米加工品（速冻穗、真空穗、速冻粒、甜玉米罐头、速冻果蔬）、鲜食玉米加工设备等。玉米米、玉米挂面、玉米糁、高筋玉米粉等新产品逐步开发。香煎玉米饼、奶香玉米饼、玉米窝窝头、玉米馒头、黄金米百合莲子粥等玉米相关食品也获得了消费者的青睐。

3. 玉米主食化的市场化发展。鲜食玉米主要是通过市场化方式发展起来的。中国鲜食玉米、速冻果蔬大会于 2005 年创办，近 14 年来先后在长春、沈阳、北京、天津、浙江义乌、上海、河北万全、广东江门、成都、南宁、河南新乡、哈尔滨、黑龙江绥化、广东佛山、贵州等地连续举办了 26 届，已发展成为业内公信力最强、规模和品牌影响力最大的产业交流平台。

二、我国玉米主食产业化存在的主要问题

（一）鲜食品种良莠不齐

现在，我国审定通过了的糯玉米有 400 多个品种，许多品种存在缺陷。例如，产地在江苏的苏玉糯系列产品拥有良好的品质，但产量却较低。产地在北京的京科糯系列产品拥有较高的产量，但是品质存在缺陷。产地在山西的晋黑糯系列品种非常具有特色，但口感风味却不尽如人意。我国审定通过的甜玉米品种有 100 多个，大部分甜玉米品种虽然对于地区的适应性能力较强，但在广适多抗方面仍存在不足。普通玉米育种的同质化现象普遍存在，许多品种拥有相近的亲本来源。

不可否认的是，我国也拥有一批高产、高质的玉米品种，但是，这

些种子的价格较高或者推广宣传力度不够，种植者具有使用某一类品种的惯性或者盲目追从性等原因，许多优良品种没有大面积普及，即使有部分种植者使用优良品种，在玉米生长的自然授粉过程中，也会受到邻近的较差品种的影响，导致所结果实质量不理想。有些玉米经营者为了自身的利益，引种一些质量没有保证的杂交品种和外来品种，致使一些适应性不强，抗病性较差的品种进入种植生产过程中，影响玉米产业的持续健康发展。

（二）鲜食玉米栽培技术落后

栽培技术也是影响鲜食玉米品质和产量的重要因素，不同的土壤条件和栽培方法会使同一品种的玉米产量和品质发生不同变化。例如，不同品种的玉米相互串粉会导致原有品种丧失其独特的风味与品质，在塑盘苗移栽的过程中，如果没有采用合适的移栽时间和技术，会使植株的生长态势较差，生产产量下降等。在轮作换茬的时候，部分地区由于连续耕作，导致土壤肥力降低，病虫害频繁发生，影响农作物的产量与品质。在农作物丰收时期，部分农民掌握不好采收时期，过早或者过晚采收玉米，就会影响玉米的风味与口感，并且常常发生玉米集中上市的状况，造成玉米阶段性的供求结构不均衡，影响了玉米的生产效益。基本的种植技术若是把握不准确，不仅会导致玉米生产效益的下降，而且还会对农民生产种植的积极性造成负面影响。

（三）加工技术和产业化水平低

我国玉米主食化市场消费处于初级阶段，销售的产品类型单一，生产企业的规模较小，产品的质量无法处在一个稳定的状态，导致鲜食玉米的销量受到影响。对于传统玉米来讲，加工类型较少，大部分的玉米用于饲料化和工业化方面。对于玉米食品的加工也仍然停留在粗加工阶段，传统的大部分玉米食品无法满足人们对营养、卫生和安全的需要，导致经济效益水平偏低。

玉米主食产业化的程度在各个地方的发展也参差不齐，总体发展水平偏低。除了北京、广东、山东等一些规模相对较大的龙头企业，多数省份的玉米加工企业生产加工规模小，加工技术较低，精品名品不多，对于成品的质量没有统一的标准和规范，没有形成系列化和品牌化的经营方式，导致产品的年际间价格波动幅度较大，竞争能力较弱。

（四）标准化和规范化水平较低

当前，我国玉米加工产品品种较多。但是，没有统一的产品标准体系，有的企业甚至采取"黄金米"这一具有争议的产品名称。标准是一个行业技术含量的代表，玉米主食化相关企业发展还不成熟。目前，国家没有出台相关标准，不利于企业的进一步发展。一些企业的加工生产过程存在脏、乱、差的情况，在食品安全和食品质量方面容易出现问题。

（五）品牌化滞后和市场意识较差

目前，我国市场上玉米产品的类型比较单一，企业规模较小，不注重品牌的建设。另一些企业目光短浅，热衷于眼前利益，常常进行贴牌委托加工和作坊式生产，以低价销售进行恶性竞争，导致市场上玉米产品鱼龙混杂，产品的质量极其不稳定，玉米产业化程度较低，食品安全有待加强。主要消费市场集中在大中型城市，影响玉米产品的综合效益。

（六）管理滞后和新技术应用水平低

企业是农业产业化发展的主力军，对玉米产业的发展有着决定性的作用。当前，我国玉米企业由于受到生产区域和原料供应等问题的限制，企业的规模小而分散，没有大规模企业，销售市场处于混乱状态，压倒性品牌尚未出现，国际竞争力较弱，加工产品类型单一，产品同质化问题严重，终端消费受到阻碍。在玉米行情好时，企业一哄而上，在市场行情低迷时又纷纷低价抛售，致使产销失衡。此外，一些企业不注重进行市场调研，盲目地追加投资、进行建厂、扩大规模，导致产品的局部过剩和企业的经营风险加大，效益降低，影响我国玉米产业的持续健康发展。

（七）消费市场不成熟和有较大空间

我国对于玉米产品的宣传力度不足，玉米产品的消费群体相对窄小，消费场所主要集中在甜品店、饭店等地方，并未进入到广大消费者的生活中，市场占有率不高。这主要是因为消费者还未了解到玉米独特的营养价值与功效，企业没有积极宣传来拓展玉米的消费市场。

（八）没有主食玉米的政策支持

我国近年来制定的政策都是关于玉米价格、扩大种植面积、提供交易市场等，还没有对关于玉米主食化发展的支持政策。

三、我国玉米主食产业化发展对策

（一）发展玉米主食产业化必须从源头做起

发展玉米主食产业化必须从农民种植开始做起，需要对玉米现有种子进行改良和创新，收集具有突出农艺性的种子，采用航天育种、辐射育种等多种选育品种的方法，加快研发高产、质优、稳定性高、抗病能力强的新品种，玉米的口感风味以及营养价值也是需要考虑的重要因素。此外，还可在籽粒颜色、成熟时期等方面考虑多样化。在此基础上，进行夏种耐热、冬种耐寒的实验研究。总之，要根据自然条件以及企业的需要，选择特色优质具有不同特色的品种。

（二）提高玉米主食产业化的加工水平

玉米主食产业化在加工的过程中要对产成品进行严格的质量检验，保证产品的质量与食品安全，进行多渠道销售。在加工产品方面品种应多样化，延长产业链。例如，鲜食玉米不仅可以加工成玉米罐头和速冻玉米等，还应当充分利用籽粒、茎叶和穗轴，使玉米的经济价值得以提升。对于普通玉米来讲，要加快主食产业化发展，开发主食新产品。例如，玉米米、玉米粥、玉米面、玉米饺子、玉米须茶等。在打开销售通道后，还可考虑加入其他杂粮粉、蔬菜粉，进一步改善产品的品质，增加产品的颜色花式等。

提高玉米主食产业化企业的技术水平，适时更新企业的加工设备。鼓励拥有自主品牌的企业加大技术创新力度，大力支持新兴技术、工艺、设备的使用，推动优质产品的产业化发展，优化生产操作流程，引入国际上的先进设备，借鉴先进技术，使企业的设备和工艺得以快速提升，增强企业的核心竞争力。对于小企业也要支持与引导其提高加工技术水平，改善生产条件，开发特色优良产品。鼓励生产设备的自主研发，提高数字化和自动化水平，以骨干企业为依托，以农民中介组织为引导，建设一批具有成套加工设备、影响力大的生产制造基地。从而培育玉米消费市场，促进玉米主食产业振兴发展。

建立和完善企业、行业协会、高等院校及科研单位等全产业链多领域的产业联盟。充分利用联盟单位中已经构建的重点实验室、企业技术中心、工程技术研究中心等相关高层次技术创新平台，充分发挥各自优势，共同研究开发，共享利益，共担风险，建立产学研相结合的机制。积极培养一批具有较高技术水平的创新团队，鼓励对玉米主食产业化关键技术进行研究创新，对于研究出的技术与成果要增强转化能力，切实为推动玉米主食产业发展作贡献，提升玉米主食产业化的核心竞争力和持续创新能力。对于玉米主食产业化的动态变化和突发性问题要及时开展实地调研，研究拟定相关技术标准和规范，提出促进玉米主食产业化发展的意见。

（三）加快玉米主食产业化的"四链"建设

所谓"四链"建设是指产业链、价值链、供应链、区块链的建设。我国目前流通结构复杂，农业人口分散，土壤特征差异较大。为了减少流通的中间环节，农产品的销售应向着秩序化和多元化的方向发展，鼓励农民以组织化的形式积极参与到市场中来；推行代理制度和建立高素质专业经纪人队伍，探索玉米主食产业化的产业链、价值链、供应链；合理利用新兴技术，可将"区块链"技术应用到农产品流通中，采取

"质量安全追溯＋区块链"模式。"供应链＋区块链"中，区块链可以记录产品在供应链过程中涉及的企业、时间、地点、产品状态等，交易数据会被永久、去中心化地记录，使产品易于追踪管理。

（四）引导玉米主食产业化消费

充分发挥玉米的营养保健功能，向消费者宣传普及玉米的功效。开设玉米食品体验店，让消费者在实体店中品尝玉米产品，加大宣传力度，采用展销、展示等各种形式，使消费者了解到玉米丰富的营养价值。鼓励农户直接与消费者签订单，可以让城市居民也体验种植、收获的过程。

（五）尽快出台玉米主食产业化的政策

政府要出台支持玉米主食产业化发展的政策，扩大融资平台，给企业贷款提供优惠条件，全方位支持基础设施建设，探索政策性保险的有效路径。鼓励本土企业与外地企业进行战略合作，为企业搭建展示与发展的平台。要充分发挥市场的作用，在确保国家粮食安全的基础上，让粮食企业主动走向市场。政府在确保市场交易公平、公开的同时，要加大市场管理的执法力度，使农产品交易有序进行，确立质量标准体系，完善相关的认证和管理体系。

（六）鼓励玉米主食产业化的模式创新

开展玉米主食产业化示范工程建设，认证一批放心主食示范单位，推广"生产基地＋中央厨房＋餐饮门店""生产基地＋加工企业＋商超销售""作坊置换＋联合发展"等新模式。推进"收入险＋期货＋基差收购"的全新产业链风险管理模式，促使期货市场服务"三农"。采用"托管经营"方式，促进规模化发展，使农民真正从种植土地中解放出来。

（七）尽快完善玉米主食产业化标准体系

玉米主食产业化需要加快完善玉米主食化的系列标准，鼓励企业规范经营，制订出一套完整的玉米主食化标准体系，促进玉米主食产业化可持续、规范发展。待时机成熟时，将中国玉米主食产业化的企业标准推广成为国家标准、国际标准，从而促进中国玉米主食产业化产品走向国际市场。

四、我国玉米主食产业化发展趋势

（一）多样化趋势

玉米主食产业化产品越来越多样化，销路打开以后，企业可以做多样的玉米产品。例如，做一些功能主食，在玉米粉中加入一些蔬菜粉、胡萝卜粉、南瓜粉，或者特殊营养物质。

（二）国际化趋势

玉米主食产业化将成为国内外消费者的共识，玉米的相关产品不仅可以在国内销售，也可以进军海外市场。如吉林省农嫂食品有限公司的产品出口到韩国、智利、日本、新西兰等 15 个国家，公司年产真空保鲜玉米穗 3000 多万穗，真空保鲜玉米粒 1000 多万袋，年产值 8650 万元，出口创汇 500 余万元。我国企业也可以从世界各国精选优质原材料，丰富中国玉米主食化产品的种类。

（三）电商化趋势

"互联网+农产品"是玉米主食产业化的发展趋势，应探索玉米主食产业化的多种电商模式，用信息技术助力玉米主食产业化的发展。利用各种网络技术以更低的成本推广农产品，同时也有利于传播和构建绿色、有机、无公害的健康休闲饮食结构和养生文化。鼓励使用专业化玉米交易平台，提供玉米信息、供求信息、产业资讯、产品溯源认证等相关信息。

（四）标准化趋势

国家应积极建立玉米主食产业化标准体系，促进玉米主食产业化企业规范有序发展。鼓励一些条件成熟企业先制定企业标准，再形成行业标准，最后形成国家标准，以指导玉米主食产业化健康发展。

（五）品牌化趋势

近年来，许多企业之间的竞争大多采取价格战，这不利于农产品企业的进一步发展。品牌是企业的核心竞争力。品牌化不仅仅是局限于商标的注册，更重要的是培育消费者对产品的依赖性，要以产品品质优良为基础，提高产品的质量安全，赢得持久的竞争力。

加强国际粮食供给渠道的建议

程永波　十三届全国政协委员

南京财经大学校长　研究员

中国既是粮食生产大国，也是粮食消费大国，在中国经济国际化和世界经济一体化的进程中，解决14亿人的吃饭问题，既要坚持"谷物基本自给、口粮绝对安全"的底线思维，又要积极拓展国际粮食供给渠道，充分利用国际粮食资源。为此，必须按照习近平总书记"确保国家粮食安全，把中国人的饭碗牢牢端在自己手中"的指示精神，在努力提升国内粮食生产能力、稳定粮食自给水平的同时，高度重视国际粮食供给渠道与国际粮食物流通道建设，从国内生产和国际市场两个方面为国家粮食安全提供双保险。

根据国家统计局公布的数据，2018年中国粮食总产量65789万吨，每亩单产780公斤。同时，根据海关总署公布的数据，2018年中国粮食进口量达到10849万吨，相当于13909万亩耕地的粮食产量。可以预见的是，随着中国工业化、城市化进程的进一步加快，以及对外开放水平的不断提升，再考虑到粮食的比较价格和机会成本等因素，中国粮食的进口量仍然会呈现出一定的增长趋势，其中大豆、玉米的进口增长将尤为突出。需要注意的是，与一般工业品生产不同，粮食生产是一个经济再生产和自然再生产相互交织的过程，同时具有自然风险、市场风险、政策风险和战略风险，加上全球粮食贸易与价格基本上由ADM、邦吉（Bunge）、嘉吉（Cargill）、路易达孚（Louis Dreyfus）四大粮商控制，因此，在动荡不定的世界经济与政治格局下，必须从以下五个方面加强国际粮食供给渠道与国际粮食物流通道建设。

一、建立稳定的国际粮食供应基地

中国的粮食进口主要是大豆、玉米、小麦、大麦和稻谷，其中大豆居首，近年来维持在一亿吨左右，占中国粮食进口量的九成，进口大豆主要来自美国、巴西、阿根廷，近年来乌克兰也有一定的进口量；玉米在粮食进口中位居第二，主要来自美国、阿根廷、俄罗斯、乌克兰，未来几年中，随着工业酒精和生物柴油需求量的上升，玉米的进口量将有较大幅度的增长。可以预见的是，大豆和玉米将成为中国未来粮食进口的最主要品种。因此，必须采取必要的措施，以政府扶持、市场主导的方式建立 50 个左右的国际粮食供应基地。

二、培育壮大中国自己的跨国大粮商

欧美发达国家的粮食产业之所以强大，主要是因为有强大的国际粮商掌握了话语权，这些跨国大粮商不仅在全产业链布局粮食产业的种业、种植、收购、物流、加工，而且积极引入新业态、新技术，将传统粮食产业推到新的高度。近年来，国家有关部门将培养国际大粮商提到了关乎国家粮食安全的新高度。因此，必须在大力推动国有粮食企业改革、打造"国际粮商国家队"的同时，为民营粮食企业的国际化发展提供更加优惠的政策支持，积极支持它们参与国际粮食产业分工和产业链再造，提升中国在国际粮食市场影响力和话语权，争取在"十四五"期间培育出 10 家左右的中国国际大粮商。

三、建设安全可靠的国际粮食物流基地

国际粮食物流基地是国际粮食资源转化为国内粮食供给的前哨阵地，没有国际粮食物流基地为依托，国外粮食的收储、干燥、加工、包装等产后环节将无法开展。为此，需要动员"国际粮商国家队"和中国民营大粮商，在美国、巴西、阿根廷、俄罗斯等国家和地区，通过并购、合作、新建等方式，形成 20 个左右的以港口、码头为核心，兼具仓储、干燥、加工、转运等功能的国际粮食物流基地。

四、打造安全可靠的国际粮食运输力量

借鉴"平战结合"的思维与模式，国内船运力量与国际船运力量相结合、国有船运力量与民营船运力量相结合、国有粮商与民营粮商自营船运力量相结合，形成"平时商运、急时运粮、召之能运、运之能达"的国际粮食运输力量。

五、在沿海、沿江确立国际粮食物流对接基地

按照供应链规则和国际粮食物流需求，在沿海、沿江设立 10 个左右的国际粮食物流对接基地，确保国际粮食资源能够顺利转化为国内粮食供给。

浅谈振兴粮食行业老字号

唐　炜　中国粮食经济学会

李　沙　北京华夏老字号文化发展中心

一、粮食行业老字号基本情况

什么是老字号？笔者认为，老字号是指存续时间较长、至今仍在正常经营的企业或组织。其中时间条件在先，应为老字号的显著特征；经营条件在后，即该企业或组织现今依然存续，具有一定的经济、文化和社会价值。

粮食行业老字号形态主要是企业（包括粮库、粮油加工企业、粮食购销公司、粮机企业等）。

中华老字号申报的主要条件：拥有商标所有权或使用权；品牌创立于 1956 年（含）以前；传承独特的产品、技艺或服务；有传承中华民族优秀传统的企业文化；具有中华民族特色和鲜明的地域文化特征，具有历史价值和文化价值；具有良好信誉，得到广泛的社会认同和赞誉；国内资本及港澳台地区资本相对控股，经营状况良好，且具有较强的可持续发展能力。认定机构商务部，商务部牵头设立"中华老字号振兴发展委员会"，下设秘书处、专家委员会。秘书处设在商务部商业改革发展司，全面负责"中华老字号"的认定和相关工作。专家委员会由各行业专家组成，主要负责"中华老字号"的评审，并参与相关工作的论证。

（一）粮食行业老字号历史沿革

由于粮食行业自古以来就是我国的重要行业，故老字号很早就有。资料显示，位于陕西省大荔县朝邑镇的丰图义仓，始建于 1882 年（清光绪八年），是由东阁大学士闫敬铭倡议修建的民办粮仓，迄今已有 130 多年的历史。它曾与 1832 年（清道光十二年）林则徐建于苏州的丰备义仓并重一时，驰名全国。1958 年，丰图义仓改为朝邑镇粮站。目前，该粮站仍承担着一部分储存调销粮食的重任。1997 年 6 月，原国内贸易部副部长、国家粮食储备局局长白美清考察丰图义仓时指出："丰图义仓是我国古代粮仓至现在唯一还在使用的粮仓，它无论是在储粮功能还是在旅游、军事、古代粮仓建筑艺术等方面的研究价值都是最具代表性的。"

新中国成立以来，粮食行业老字号拥有独特的产品、技艺或服务，承载精益求精的工匠精神，弘扬优秀传统文化，取得社会广泛认可，形成良好信誉，成为我国粮食行业不可多得的瑰宝。

（二）粮食行业老字号现状

目前，据有关单位估算，粮食行业老字号不到 100 家。粮食行业老字号勉强维持现状的占 70%；长期亏损，面临倒闭、破产的占 20%；生产经营有一定规模，效益好的仅占 10% 左右。

粮食行业老字号存在的主要问题：

1. 支持和保护力度不够。粮食行业老字号普遍存在身份认定保护障碍、历史网点保护障碍和知识产权保护障碍等，生存不易。例如，始建于 1919 年、20 世纪三四十年代红遍京城的大和恒粮行，原店址位于北京前门外西柳树井（今西城区珠市口西大街路北）繁华街区。1953 年，因北京实行粮食计划供应，该店就此歇业，旧址改作他用。2007 年，尽管大和恒恢复老字号重张开业，但店址迁至西城区粉房琉璃街一处背巷，客源与从前相比，相去甚远。

2. 市场竞争力不强。有些粮食行业老字号由于产权不明晰、未建立现代企业制度、历史包袱沉重等，难以适应现代经济社会的快速发展，步履维艰。

3. 传承创新动力不足。有些粮食行业老字号人才匮乏、技术滞后、创新动力不足、品牌推广不够，传承难。

二、我国老字号认定情况

我国老字号认定起源于 20 世纪 90 年代，最早由原国内贸易部主管。从 2006 年至今，各级商务主管部门负责老字号认定工作。

（一）原国内贸易部对中华老字号的认定

原国内贸易部从 1993 年 3 月至 1998 年 3 月认定了 1600 多家中华老字号。原国内贸易部对老字号认定的特点是，跨行业认定，但认定不分层级，只有中华老字号一级。

（二）各级商务主管部门对老字号的认定

商务部组建于 2003 年 3 月，在原国内贸易部对老字号认定的基础上，自 2006 年以来开展了对老字号的新一轮认定工作。

1. 认定范围。目前，各级商务主管部门对老字号的认定属于跨行业认定，认定分为三个层级：国家级，中华老字号。省级，如北京老字号等。市级，如无锡老字号等。

2. 权限划分。商务部主管中华老字号认定与管理工作，会同相关部门制定促进中华老字号发展政策。各省（自治区、直辖市）商务局或经授权的行业协会（如北京、广东）负责省级老字号认定工作。市商务局负责市级老字号认定工作。

3. 国家级认定。商务部于 2006 年 7 月、2011 年 3 月分两批共计认定中华老字号 1128 家。从历史年代上划分，其中明代以前 16 家，明代36 家，清代 475 家，民国时期 408 家，1949~1956 年 193 家。从行业分布看，涉及 22 个行业，主要分布在餐饮、食品、医药、商贸、酿造、服务、工美和文化八个行业，其中餐饮、食品类 434 家，酒类 149 家，中医药类 116 家，茶生产类 65 家，这四类占总数的 68%。从非物质文化传承上看，这些中华老字号有 112 家的传统制作技艺被纳入国家级非物质文化遗产名录。

4. 省市级认定。近年来，省级老字号认定工作比较活跃，但进度不一。进展快的如天津、浙江、山东、广东、河南、福建、云南等省（直辖市），已认定到第五批。市级老字号认定工作处于起步阶段，如辽宁沈阳、云南昆明、江苏南京、浙江嘉兴、江苏苏州、河北保定、山东临沂、新疆乌鲁木齐等已经开展。

三、积极开展粮食行业老字号认定工作

（一）开展粮食行业老字号认定工作的意义

党中央、国务院高度重视老字号保护促进工作。2017 年，中共中央办公厅、国务院办公厅印发《关于实施中华优秀传统文化传承发展工程的意见》，提出实施"中华老字号保护发展工程"。开展粮食行业老字号认定工作，有利于实施粮食品牌战略、扩大粮食消费，有利于弘扬粮食文化、诚信兴商。

（二）加强粮食行业老字号建设

1. 做精做强一批。支持一批优势明显、具有发展潜力的粮食行业老字号，整合市场资源，成为具有较强竞争力的品牌。

2. 改造提升一批。支持一批有困难的粮食行业老字号，进行技术改造。

3. 恢复发展一批。对于具有优秀文化传统，能够体现中华民族文化特色，但是，活力不足、困难较大的粮食行业老字号，通过引进战略投资者，实施改组改制，使之重获新生。

（三）组织开展粮食行业老字号认定工作

粮食行业老字号认定具有自己的特点，建议各地开展粮食行业老字

号普查，在全面了解现状的基础上，对于具备条件的粮食行业老字号，积极组织其向各级商务部门申报，争取尽快认定一批国家级、省级、市级老字号。

促进绿色粮食产业经济发展

洪　涛　北京工商大学经济学院教授

2018 年，中国粮食连续 6 年超过 6 亿吨。粮食总体供给大于需求，同时个别粮食品种又供给小于需求，品质的、特色的、品牌的粮食仍然是供不应求。在这种背景下，以绿色粮食消费为起点，"反弹琵琶"来促进粮食绿色流通，促进粮食绿色生产，推动形成绿色粮食产业经济，实现我国粮食产业的可持续发展。

一、国外绿色消费

（一）绿色消费概念提出

1968 年 3 月，美国国际开发署署长高达在国际开发年会上发表了"绿色革命：成就与担忧"的演讲，首先提出了"绿色革命"的概念。

1971 年，加拿大工程师戴维·麦克塔格特发起成立了绿色和平组织。

1989 年，英国出版《绿色经济蓝皮书》，首次提出绿色经济概念。

1992 年，地球高峰会议正提出"永续发展"主题，绿色消费被视为是达成全球永续发展目标之重要工作。

1997 年，国际消费者联合会开始，连续开展了以"可持续发展和绿色消费"为主题的活动。

（二）绿色消费含义

国际上，绿色消费有三层含义：一是倡导消费者在消费的时候选择未被污染，或者是有助于公众健康的绿色产品。二是在消费过程中，注重对无害化的处置。三是引导消费者转变消费观念，追求健康、追求生活舒适的同时，注重环保，节约资源和能源实现可持续消费。

绿色消费具体归纳为"三 R""三 E"。即 Reduce，减少非必要的消费，如一次性餐具和毫无益处的色素、添加物等。Reuse，修旧利废。Recycle，提倡使用玻璃、纸、铝等再生原料的产品。Economic，讲究经济实惠，少用能源，少用包装，使用加工简单的产品。Ecological，讲究生态效益，比如使用较少污染环境，较少破坏自然或者是野生动植物的企业的产品。Equitable，符合平等、人性原则，比如选择不侵犯原住民的生存权，不进行非道德的推销，不经营非人道的动物实验的产品。

二、2017 年中国提出绿色粮食产业经济

2016 年 2 月，国家发改委、中宣部、科技部等十部门联合出台《关于促进绿色消费的指导意见》，对绿色产品消费、绿色服务供给、金融扶持等进行了部署，到 2020 年能效识别 2 级以上的空调、冰箱、热水器等节能家电市场占有率将达到 50% 以上。

2017 年 9 月，国务院办公厅发布《关于加快推进农业供给侧结构改革，大力发展粮食产业经济的意见》，提出了要以绿色粮源、绿色仓储，绿色园区为重点来构建绿色的粮食产业体系。

三、中国绿色消费存在的主要问题

（一）人们认识不到位

个人的消费需要对环境负责任的观念没有建立起来。大多数消费者虽然有绿色消费的意识，但离真正转化为绿色消费的行动还有很大差距。

（二）管理机制不健全

许多产品至今没有统一的绿色检验标准，导致绿色市场上鱼目混珠的现象出现，使一些消费者失去购买绿色产品的信心。

（三）不少企业没有承担起社会责任

企业市场推广的方式是尽可能地让人们多消费，推崇奢华、过度消费，导向是有问题的。

四、绿色粮食消费的建议

（一）树立正确绿色粮食消费理念

要以保护消费者健康权益为主旨，以保护生态环境为出发点，符合人的健康和环境保护标准的行为和方式。

（二）通过绿色粮食消费指导绿色粮食生产

通过绿色粮食消费，促进绿色粮食流通，减少粮食损耗和浪费；指导绿色粮食生产。

（三）大力发展绿色粮食产业

开发绿色粮食产品，是发展绿色粮食消费的前提条件。要运用现代科学和管理技术，开发绿色粮食产品，提高质量，降低成本，为消费者提供丰富实惠的绿色粮食产品。如河北馆陶县的粮画小镇就是最典型的案例。

我国绿色粮食消费的特性与发展对策

胡若痴　对外经济贸易大学教授

消费源于人的本能，但合理消费诉诸人的自觉，不同的消费理念和消费模式，展现、成就不一样的社会文明形态与不同的人生境界。推行绿色粮食消费是贯彻绿色发展理念、修缮生态环境、改善生态民生、建设美丽中国、实现美好生活的不可或缺的重要环节。

一、倡导绿色粮食消费应注重三性

（一）绿色粮食消费应倡导私益性与公益性消费并重

提及绿色粮食消费，人们首先想到的是健康环保。安全、无污染、有益于健康的绿色食品，属于"私益性"较高的绿色产品，是众多消费者进行绿色消费最直接的动因。而无公害农药肥料、易降解环保袋、公益性农产品等，尽管从长期和根本上来说也有利于消费者自身的健康，但短期内私益性效应并不明显，多属于"公益性"较高的绿色产品，消费者却要为此承担高于普通商品的"溢价"，此类产品的推广和普及需诉诸民众生态意识的全面觉醒。倡导绿色粮食消费，既应关照消费者的自我需要，也应着力提升消费者的生态理性。二者并重才是真正意义上的绿色消费。这就要求消费者全面、全程关注粮食消费品的能效、水效、环境绩效、碳排放等信息，既要求消费品本身绿色环保，也要求消费品在生产过程中资源消耗少、能耗低、污染小，消费过程中不对他人和周围环境造成危害，消费之后所产生的废弃物易回收好分解。总之，贯穿了从生产到消费的各个环节，任何一个环节都不能缺失，这才是真正意义上的绿色消费。

(二) 绿色粮食消费应倡导物质消费与精神文化消费并重

消费健康绿色的物质产品是绿色粮食消费的基本表征，但绿色消费并不限于物质消费领域，而是物质消费与精神文化消费的有机结合。那些以生态环境为题材的文化产品更能直接绿化人的精神，是较之于物质消费面而言更高层次的绿色消费。最新的数据表明，我们的消费已经是进入第四消费时代，人们的消费理念不再追求高大上，也不追求奢侈品牌，追求的是回归本真、回归自然，回归的是产品的本质特色，回归的是简约实在，这样一些新的消费趋势恰恰与我们传统文化的理念相吻合。一般而言，绿色粮食消费毫无疑问更多倡导的是物质消费，如何将其与精神文化消费结合在一起，是值得理论界和企业界共同探讨的问题。而且新时代文化强国战略的实施，倡导"文化+"引领产业融合发展，推行绿色粮食消费应该注重打文化消费的牌，促使农业和文化更好地融合在一起，绿色粮食消费和我们传统中华文化融合在一起，以更符合新消费理念发展的需求。

(三) 消费支付力既非粮食绿色消费"第一"更非"唯一"的决定因素

当下，在众多绿色消费品存在生态溢价的情况下，如果消费者缺乏一定的经济实力，往往会选择非绿色产品而放弃消费绿色产品。然而，我们不能据此认为收入水平是影响粮食绿色消费的决定性因素。一方面，若消费者具有较强的环境保护意识，即使绿色支付能力不足，绿色消费也能在"部分意义"上得到实现。另一方面，较高的支付能力如果没有较强的绿色消费意识的支撑，绿色消费也很难成行，有时甚至适得其反。倡导绿色消费不是提倡过度节约以降低人们的获得感与幸福感，但超出实际需要的"占有性"消费，满足面子与欲望的"炫耀性"消费，实际上已将消费看成身份与地位的代名词，尽管其消费的产品本身绿色环保，但此类消费大量浪费自然资源，不属于真正意义上的绿色消费。可见，消费支付力于绿色消费而言，是既非"第一"更非"唯一"的决定性因素，只有消费者具有强烈的绿色消费意识，消费需求力、选择辨别力、支付力等几方面形成"合力"，绿色消费才能真正成行。

二、当前我国绿色粮食消费障碍分析

（一）绿色消费需求不足，部分民众不愿消费

1. 在当前很多绿色消费品存在生态溢价的情况下，部分消费者往往因囊中羞涩而放弃购买绿色产品。

2. 部分消费者缺乏对绿色商品的选择鉴别能力，不了解不认同甚至不认识各种生态标识，总觉得绿色产品是打"概念牌"，价高但质不佳，因而主动放弃消费。

3. 部分消费者生态意识匮乏，绿色消费需求"无意识"缺失。如部分农民即使是自给自足式生产，也只问产量产值，不管环保健康，喷洒农药不懂安全间隔期，施用化肥不管土壤板结度，因生态"无知"，而导致绿色消费需求"无意识"。再如，当前消费升级出现逐渐下沉趋势，即三四线甚至四五线城市居民消费能力更强；但是绿色有机食品消费却在一二线城市更有生命力，而四五线城市尤其是城乡接合部居民，由于平时更容易接触到自产的绿色环保产品，绿色消费需求更"无意识"。

（二）绿色粮食消费环境欠佳，部分民众不敢消费

1. 生产环境不佳，生产者积极性不高。如我国绿色有机食品在整个食品行业市场份额中所占的比例很低。有机食品开发难、认证难、储存运输难、推销推广难，非规模化、集约化生产难以完成从生产到消费的系列环节，小打小闹式生产即使产品达标也很难拿到权威部门的认定标识，产品无身份，消费者不认同，生产者无盈利、无前途。

2. 市场环境不佳，绿色产品良莠不齐。部分企业在利益的驱使下或

拙劣地炒作"绿色"概念，片面夸大产品的功效以哄抬价格，或粗暴粘贴"生态"标签，将一般产品甚至是劣质产品伪装成绿色产品。部分商家同样见利忘义，想方设法兜售价高质次的所谓绿色产品，严重侵犯消费者权益。

（三）绿色粮食消费结构失衡，部分民众不会消费

近些年来，民众的绿色消费参与度明显增强，绿色商品消费额逐年攀升，但存在明显的结构性失衡。消费者对私益性较高的绿色产品消费意愿较强烈，以有机食品为例，目前我国有机食品消费额以每年 30%~50%的速度增长，常年缺货达 30%。然而，对于公益性较高的产品消费意愿不强，很多人不愿意承担此类绿色产品的过高溢价。有些人甚至将绿色消费等同于消费绿色，表面而言，他们将绿色消费发挥到了极致，但仔细观察后会发现，他们中的很多人既无节约意识，也无环境保护观念，根本不考虑自然承载能力，在让"自身"健康的同时却让"自然"更加病态，与真正的绿色消费相去甚远。

三、我国绿色粮食消费的发展对策

（一）着力生态教育培养绿色粮食消费认知，让民众乐于消费

1. 强化"节约"意识。绿色粮食消费是权利与义务的统一体，倡导绿色消费，不仅有利于行使自身健康的绿色产品这一权利，也承载着节约资源、保护环境的"责任"，拒绝铺张浪费，让有限的资源得到最大限度的利用是绿色消费的要义。

2. 培养"尊重自然"的生态意识。这是基于对自然地位与价值的科学认识而采取的"主动"发展之策。没有尊重自然的自觉，节约资源、爱护环境等，均可能因为被动服从而难深入持久。

3. 传授"绿色粮食消费"知识。教会民众识别权威部门认定的生态标识，能从参差不齐的市场中简单便捷地挑选各种绿色产品；让民众具

备一些粮食绿色消费常识，能看懂产品说明，知晓消费要求，从而能科学合理地消费绿色产品。

（二）构筑绿色粮食消费激励约束机制环境，让民众敢于消费

1. 要完善绿色粮食消费相关的法律与法规，用法律条款明确规定消费者的权利、权益与义务；完善并严格执行绿色核算制度，规范绿色标识认证制度，推广 ISO4000 体系认证，推行"碳足迹"标示制度，实行绿色税收制度；完善政府绿色采购制度，让公共机构做出表率，带头绿色消费。

2. 要加强法律与规范的执行与落实。当前，我国生态法治滞后，立法、守法、执法等环节均存在不少问题。市场上鱼龙混杂的"绿色产品"更是绿色消费的"毒药"。只有强化法治手段营造良好的消费环境，才能将绿色消费落到实处。

优化消费环境引导粮食绿色消费，还可以通过激励手段。一是将绿色粮食产业列入国家支持性产业范围，通过税收优惠、财政补贴、金融支持等方式，对绿色粮食产业进行扶持，让企业从供给侧为消费者提供更多更好的绿色产品，以绿色供给引领绿色消费需求。二是政府出台激励措施，如绿色消费价格补贴、信贷优惠等，让消费者特别是公益性绿色消费者的正外部性得到一定补偿，能够从绿色消费中尝到"甜头"，从而逐步培养绿色消费观念，养成绿色消费习惯。三是借助舆论和道德的力量，对绿色消费典范进行褒奖。特别是社区、单位、村镇，应发挥"熟人"效应，利用传统媒体和自媒体加大宣传力量，弘扬正能量，营造积极健康的绿色消费氛围。

（三）抓住消费升级机遇，促进绿色粮食产业发展和标准建设

2018 年，我国恩格尔系数再创新低，降至 28.4%，这表明我国经济发展水平和居民生活水平不断提高，消费结构不断升级，商品和服务消费向高品质方向发展，居民对消费品的多样性、安全性、环保性等各方面有了越来越高的要求。粮食加工这一传统行业也应随之向绿色品质升级优化，在确保国家粮食安全基础上，着力优化产业产品结构。让各个阶层、各个年龄段的人越来越喜欢并接受绿色消费。尤其是"80后""90后""00后"人群是消费的主力军，其消费模式的形成，对社会进步、产业发展、环境保护起着重要作用。粮食企业要研制生产符合其消费需求的绿色食品，让这些年轻的消费者成为绿色粮食消费的主导者。目前，国内频繁出现的食品安全问题，说明我国食品标准化建设工作迫在眉睫，应加大食品标准建设的工作力度。2016年，国务院印发了《消费品标准和质量提升规划》，专门涉及农产品标准规划问题。2019年，全国标准化工作要点提出要完善食品质量安全标准体系的建设。国家越来越明确标准建设不能全靠国家强制推行，要鼓励推行社会团体、企业标准。因此，企业应该结合本行业、本企业自身特点，积极参与绿色粮食消费标准的制定推行。2019年春节前，关于"车厘子自由"是消费升级还是降级的讨论，说明了居民的消费升级。原来的奢侈品变成了大家都能够消费得起的普通消费品，同时值得注意的是，车厘子实际上有不同品级，而不同品级间价格相差非常大。可是作为普通老百姓，不知道其价格是否与品质对应、商家是否胡乱叫价，只能无奈地被动接受。因此，同一商品不能一概而论，用统一的一个标准进行衡量。我们的企业应明确推出同一商品不同品质的标准，以指导我们的消费者进行明明白白消费。此外，在倡导绿色粮食消费中，也应该增强粮食企业的绿色信用消费理念。李克强总理在2019年《政府工作报告》中提出，要多渠道增加优质产品和服务供给。2019年3·15晚会的主题是信用让消费更放心。因此，粮食企业应该诚信生产经营、积极投身信用体系建设中。

绿色粮食消费与区域品牌建设
——日本经验与启示

周卫中　中央财经大学教授

一、日本区域品牌建设经验

在信息高度发达的时代，农产品需要根据区域特点打造区域品牌，而日本有许多经验可以供我们借鉴。

以下介绍区域品牌建设方面的六个典型案例，前三个由行业协会推动，后三个由产地企业负责运营。虽然品牌运作主体不同，但共同点在于品牌名称中都带有所在地名，为典型的区域品牌。

（一）神户牛肉

神户牛肉经过 30 多年的培育，已经成为世界范围内的高端牛肉品牌，每公斤在美国市场的售价高达 250 美元以上。其实，"神户牛肉""神户肉"等提法早就存在，并没有形成区域品牌。1983 年，神户市成立"神户肉产品流通促进会"，制定了但马牛、神户牛肉、神户肉的定义和标准，高档感逐渐形成。

除明确分类和标准外，神户肉产品流通促进会还进行了许多尝试：制定简明易懂的商品等级；对供货商和销售商进行认证，如年销售 12 头以上牛肉的企业可认定为"神户牛肉经销店"、年购入 720 公斤以上的餐饮店指定为"神户牛肉加工店"；协会制定严格的认定流程，分别授予店门铜像、证书、牌匾等。

（二）马路村柚子饮料

马路村柚子饮料品牌由日本农协马路村委员会运营。该委员会通过改变柚子的产销体制，实现了地域品牌与产品品牌的统一。其经验可以总结为三方面：一是聚焦柚子栽培与加工，后延伸到柚子汁的加工与销售。二是将"生态""环保""绿色"作为卖点，突出产自"村子"。不使用农药，可以"安全"地食用等。即使后续开发的饮料，也将"马路村"作为卖点，命名为"果昆马路村"。三是通过区域品牌宣传当地的悠闲生活，绿水青山，不仅促进了柚子及相关产品销售，也带来了游客的增加。

（三）青森田子蒜

青森县是日本著名大蒜产地，但 20 世纪 80 年代之前并没有统一的品牌。为了实现升级，当地农业协会将区域品牌作为突破口，从产品质量、加工技术、生产组织等方面入手，实现了区域品牌开发。

当时，农协田子町分委员会提出了一些有趣的口号，如质量就是信誉，单打独斗出不了地理标志，合作才有出路等。不可否认，这些口号的提出对于农户与加工企业、流通企业之间达成共识发挥了重要作用。经过 30 年的培育，田子蒜品牌"安全""放心"的附加价值逐渐形成，售价远高出同类产品。

（四）九条葱

与前述品牌由行业协会推出不同，九条葱则是由一家企业推出的产地品牌，经营主体为 KOTO 京都株式会社。该品牌的运作策略包括三方面：一是充分利用京都九条地区土壤和气候特点，停止圆白菜、萝卜、水芹菜等种植，专注九条葱生产。二是通过跨界合作，宣传产品和品牌。2000 年前后，东京出现"豚骨拉面"热，九条葱利用这一机会在拉面店进行宣传，不仅拓展了市场，也迅速提升了知名度，甚至成为日本元首出访时的国礼。三是发展循环经济。除葱加工外，还设立了养鸡场，开始生产、销售鸡蛋，并明确提出将循环农业作为未来的发展方向。

（五）四万十栗子

同九条葱一样，四万十栗子也是由高知县企业开发的区域品牌，运营方为四万十DRAMA株式会社。该品牌的经验是充分利用当地一条河流，即四万十川的知名度，通过"攀附"在短期内得到市场认可。

此外，该公司提出"不是卖商品，而是卖创意"的渠道开发理念，尤其注重挖掘栗子背后的品牌故事。为了宣传"在可爱家乡完成所有流程"，公司将种植、加工地点全部安排在河流沿岸。宣传中也突出环保、生态，如包装袋利用回收当地报纸制成，广告语中则宣传"不给四万十川增加负担"。

（六）大分梅酒

梅子酒在日本深受欢迎，但要形成知名度并不容易。为了提升知名度、形成区域品牌，大分梅酒公司在两方面付出努力，取得了良好效果。一方面，公司跟当地大学合作，将威士忌的发酵工艺嫁接到梅酒生产中，形成独特的口感。另一方面，公司努力寻找权威认证机构，积极参加国外酒类博览会，最终在巴黎博览会上获得金奖，品牌故事因此形成。

茅台酒曾于1915年获得巴拿马世博会金奖，因不慎撒出吸引观众的故事可谓妇孺皆知。大分梅酒的品牌开发者是否知晓茅台酒的故事，我们不得而知。但是，其通过国外权威认证来提升品牌知名度和影响力确实收到了"墙外开花墙内香"的效果。

二、日本经验对中国粮食企业启示

六个案例有一些共同的特点：一是主体明确，即明确一个机构（企业或行业协会）牵头，利益相关方参与；二是在区域品牌方面有共识，形成合作关系；三是善于挖掘、传播品牌背后的故事。尽管国情不同、环境不同，但日本企业在区域品牌建设方面的经验还是能够为我国绿色粮食生产、绿色粮食消费提供借鉴的。

（一）将安全、放心作为绿色粮食生产目标

粮食生产涉及空气、水、土壤、种子、化肥、农药，加工涉及工艺、添加剂等环节，还涉及仓储物流等。所以，必须从源头入手，从全供应链视角来努力实现粮食的安全、放心，否则"绿色"只能是自欺欺人。

（二）通过区域品牌建设推动供给侧结构性改革

近年来，消费者对一些知名度高的品牌产生质疑、信心动摇，需要有一个明确的主体来抓区域品牌建设，利益相关方也必须在相关共识的基础上进行自我约束，对区域品牌形成有效保护。

（三）挖掘品牌背后的故事

前述日本品牌都有让人津津乐道的故事，消费者在不知不觉中就成了品牌的传播者。一个好的故事胜过明星代言人，因为口口相传而形成的"口碑"，更能得到消费者的内心认可。

（四）上下游企业加强合作

产学研合作仍然大有潜力可挖，粮食生产企业和上游的种子、化肥、农药企业，以及下游的餐饮企业如何合作，形成协同，仍然是一个值得深入探讨的课题。

（五）加强新兴媒体内容建设

在众多渠道、众多商品中，如何获得消费者的点击？展示的内容、形式非常重要，而这些恰恰是中国企业的短板。如何将安全、放心、绿色、环保等理念通过各种媒介展示出来，是需要企业思考、解决的问题。

此外，媒体的责任也很重要。无论是传统媒体还是新兴媒体，在宣传报道中都一样承担着社会责任。不能否认媒体在监督方面的积极作用，但我们必须同样清醒认识一个事实：对国内企业质量问题的负面新闻的过度炒作、报道不仅会动摇消费者的信心，而且容易被国外别有用心者利用。

绿色生态发展　利国利民利企

郭景双　正大集团种植事业资深副总裁

正大集团是泰籍华人创办的跨国知名企业，1979 年第一个进入中国投资的外商企业。目前，在中国设立企业已经超过 400 家，员工超 8 万人，总投资超 1200 亿元，年销售额近 1500 亿元。进入中国 40 年来，正大集团始终秉承"心系三农、根植农业"的情怀，始终坚持"利国、利民、利企"的经营理念和原则，以"做世界的厨房、人类能源的供应者"为愿景目标，围绕中国农业绿色发展、农产品和食品安全方面进行了探索与实践。

一、改造滩涂地和盐碱地，发展"绿色种植"模式

沿海滩涂地和盐碱地是一种特殊土壤类型，全世界盐碱地面积 9.5 亿公顷，其中中国 0.99 亿公顷（15 亿亩），过去受缺少相应的技术限制，大量盐碱地长期处于闲置状态。一方面，从未被开发和利用过，是一方难得的绿色有机净土。另一方面，改良转化为耕地对国家粮食安全和坚守 18 亿亩耕地红线具有重要意义。

2010 年，正大集团成立种植事业线，先后在上海、浙江、江苏、山东、山西、吉林等开发滩涂和盐碱地种植近 30 万亩，种植水稻、玉米、小麦、油菜、葡萄、西瓜和各类蔬菜等绿色农产品，直供正大系统连锁超市和江、浙、沪地区消费者。正大集团在滩涂盐碱地上成功打造了

"浙江慈溪国家级现代农业产业园"占地 3.9 万亩、建设"正大东营现代农业科技生态园"占地 8 万亩、建设"正大余姚中泰生态农业园"占地 5 万亩。

2018 年,与袁隆平院士团队联合发起"中华拓荒人计划",为实现"改造亿亩荒滩,增加亿亩耕地,保障国家粮食安全"的目标而努力,逐步将滩涂地、盐碱地变为绿色种植和粮食发展的重要产区。

二、推动种养结合,发展"生态循环"模式

为响应国家减量化肥施用和有机肥替代、东北黑土地保护和生态环境保护等号召,正大集团积极践行中国"绿色生态可持续"的农业发展要求,着力打造"种养结合"粪水还田的生态养殖模式,建立了一套先进的粪水资源化利用体系和技术标准,实现了粪水资源的再利用,将养殖产生的粪污制成有机肥,用于荒地开发和中低产田的改造升级,发展大田作物种植和设施农业、种植业。一方面为饲料加工提供原料,另一方面为消费者提供安全、绿色的大米、水果和蔬菜。

着力打造"种植、养殖、食品加工、销售"一体化生态循环发展的农牧食品全产业链模式。通过"种养结合"与生物无害化处理,实现绿色循环可持续及环境友好型、资源节约型发展。先后成功建设了内蒙古呼和浩特 100 万头生猪养殖与玉米种植为主的种养结合、山东东营 35 万头生猪养殖与水稻种植为主的种养结合、吉林榆树 1 亿只肉鸡养殖与玉米种植为主的种养结合、北京平谷 300 万蛋鸡养殖与种桃种养结合等项目。

三、打造全产业链,发展"三产融合"模式

正大集团通过打造全产业链,在保障食品安全、发展农业循环经济等方面作出努力。依托肉鸡、生猪全产业链,采用国际一流的自动化生

产工艺和设备，执行最严格的食品安全监控体系，为消费者提供便捷、安全、营养、美味的食品。建立了从农场到餐桌的全产业链双向可追溯体系，涵盖种植、养殖、饲料、屠宰、食品加工、产品储藏和运输、零售和餐饮，建设自有的生产基地与园区，按照全产业链要素布局，推动一二三产业融合发展。呼和浩特 100 万头生猪全产业链"绿色发展"项目，配套建设 20 万亩现代化绿色种植基地、36 万吨专业化猪饲料厂、年出栏 100 万头生猪养殖园区、年屠宰 100 万头猪屠宰加工厂、10 万吨食品加工及 3000 家正大生鲜食品专卖店、1000 家餐饮连锁店。

　　一二三产业融合更具有典型的是正大慈溪现代农业生态产业园，已注册成立 23 家公司，投资 20 多亿元，形成了集农业种植、养殖、农牧业机械制造、食品研发、生态农旅观光、电子商务、产业投资基金、康养等产业于一体的综合性产业园区，实现了一二三产业的融合发展，打造了多个农业产业链项目，成为了华东地区集中连片规模最大的农业产业平台，也是正大集团在全球涵盖产业最多的综合性园区。践行绿色产业经济发展理念，正大集团按照"专业化分工、产业化发展"的思路，以正大农牧食品企业的产业化、品牌化带动，联合种养殖大户、家庭农场、合作社，适度规模发展，园区示范和周边带动的"1+N"模式取得了实践成果。2018 年，浙江省慈溪市现代农业产业园被认定为首批"国家级现代农业产业园"。

坚持绿色发展理念 打造粮食
"绿水青山"

邸存伟　五得利集团分公司总经理

一、五得利面粉集团绿色发展探索

（一）改进工艺，提升粮食利用率

作为国内规模最大的面粉企业，五得利多年来始终致力于制粉工艺的研究与改进，积累了丰富的经验，与国内大学和科研机构合作，结合欧美日韩的制粉工艺，研发了适合我国人民饮食习惯和中式食品特点的长粉路制粉技术，并于 2010 年在河北雄县投资建厂开始应用，使效益和产品质量得到了很大提升。当前总出粉率提高了 5%，相当于小麦利用率提高 5%，意味着节约口粮 5%。

（二）采用干法小麦清理工艺，节约水资源

20 世纪 80 年代后期，干法清理小麦工艺引入国内，五得利积极采用，推进这项工艺使用。经测算，截至 2018 年底，五得利因推行干法清理工艺，共计节约水资源 2.8 亿吨，同时也意味着减少污水排放 2.8 亿吨。

（三）散装小麦，运输车辆的采用和推广

随着五得利环保意识的提高，出于对人力成本、工作效率等考虑，五得利开始研究推广小麦散装运输卸车。2001 年，深州公司二车间开始设计使用散装小麦运输车卸车。2007 年，将翻板称卸车引入面粉行业。

157

目前，我国面粉企业已全部采用这种方式。不仅环保，而且节省了人力，提高了效率。如果按每条编织袋使用 1 年，一个编织袋装 100 斤小麦算，17 年间，在五得利的带动下，小麦运输节约包装袋 1480 多万条，相当于节约 1.4 万吨原油，减少了二氧化碳排放量。对整个面粉行业，以及相关产业资源节约、绿色发展起到了重要推动作用。

（四）与上游供应商合作，开展节约资源的技术探索

自 2015 年开始，五得利与厂家合作，通过产品罐装设备和技术改造，缩小了包装袋尺寸要求，每个节约材质 0.0002 平方米，按五得利年产量 1161 万吨计、每袋装 50 斤面粉算，累计节约编织袋 63.9 万个，相当于节省 639 吨原油资源。

二、对绿色发展思考

（一）绿色智能制造

自 2015 年开始，五得利加快了智能制造的推进步伐，陆续引入了瑞典 SKF 公司的 EAM 设备管理系统、瑞士布勒公司的 MES 生产执行系统、德国 SAP 公司的企业资源计划系统，希望借着第四次工业革命的潮流，提高企业管理水平、智能制造水平、节能降耗，绿色发展。这些管理系统建成以后，公司实现将从订单生成、加工生产到最后的产品销售一整套的智能化管理，减少人为因素对产品质量的影响。

（二）大力推进产品升级换代

等级粉领域产品结构不合理，同质化严重，不能满足消费者多样化需求。专用粉生产企业凭借完善的研发体系、严格的质量控制体系、良好的市场营销，逐渐形成了自己的客户群体和品牌影响力。五得利专用粉现在还处于起步阶段，将不断增加投入，加大研发，为消费者提供更加适合中国人饮食习惯、更多花样化、更安全、更绿色健康的面粉。

面粉企业要在高质量、低成本、专用粉、深加工这四方面下大功夫，加上与之相匹配的管理，才有可能取得好的效益，否则，很难成功。

未来我国消费者对于高品质、高营养的面粉产品、主食产品的需求会越来越大。面粉企业应由"生产导向"转为"消费导向"，把"安全、适口、营养、健康"作为发展方向。

（三）绿色供应链

完善包材供应商管理体系，加强对供应商的引导，促进其更新设备，提升技术水平。减少白袋包装用量，增加更加环保和安全的半透明包装袋用量，逐步推动面粉纸袋包装、面粉散装运输的应用，推动供应商生产更符合食品卫生要求，更加节能降耗，减少污染排放。

五得利部分子公司与光伏发电企业合作，利用楼顶场地，用于光伏发电，提高了厂房空间利用效率；从麦糠中提取价值大的部分向养殖场销售，提高了利用率；与生物质发电企业合作，将麦糠销售给发电厂发电，节能环保、提升价值。

五得利将继续秉承"农户愿卖、客户愿买、员工愿干、政府鼓励、企业发展，五方得利，创造共赢"的经营理念，加快推进农业品牌建设步伐，生产绿色、健康、安全的产品。

倡导绿色消费　推动粮食生产可持续发展

孟凡军　中华粮网总经理

一、从粮食生产角度分析，减少农药化肥使（施）用

改革开放 40 年来，我国粮食生产在数量上基本满足了需求，已经具备了从注重数量的生产逐步向注重质量、安全、健康的粮食生产转化的条件。但是，我国农业发展方式较为粗放，农业资源过度开发、农业投入品过量使用、地下水超采以及污染相互叠加等带来的一系列问题日益凸显，农业可持续发展面临挑战，必须加快转变农业发展方式，推进生态修复治理，促进农业可持续发展。我国政府非常注重这方面的政策引导，尤其是对于农药化肥的控制使（施）用。2015 年，我国打响了农业面源污染治理攻坚战，提出了到 2020 年实现农业用水总量控制、农药化肥使（施）用量减少、畜禽粪便秸秆地膜基本资源化利用的"一控两减三基本"的目标任务。2017 年，启动实施了畜禽粪污资源化利用、果菜茶有机肥替代化肥、东北地区秸秆处理等农业绿色发展五大行动。2017 年底，统计数据显示，我国已经提前 3 年实现了对于农药化肥的零增长目标。

二、营造良好的绿色消费氛围，通过轮作休耕修复过度透支的生态环境

我国当前已经实施的轮作休耕制度试点，避免土地的过度透支，这也是绿色消费引导的目标。近年来，我国粮食生产连续增产也让我们付出了沉重的代价，农业资源长期透支、过度开发，大量开荒种地、围湖造田和开采地下水，资源利用的弦绷得越来越紧。农业面临污染加重，土壤退化，生态环境的承载能力越来越接近极限，已经亮起了"红灯"。生态环境"紧箍咒"对农业的约束日益趋紧。

通过改良土壤、培肥地力，增强农业发展后劲，实现"藏粮于地"，休耕的好处已经达成共识。2016 年 5 月 20 日，《探索实行耕地轮作休耕制度试点方案》开始实施，力争到 2020 年轮作休耕面积达到 5000 万亩以上。另外，轮作在黑龙江、吉林、辽宁、内蒙古四省（自治区）的基础上，新增长江流域江苏、江西两省的小麦稻谷低质低效区。休耕在地下水漏斗区、重金属污染区、生态严重退化地区的基础上，将新疆塔里木河流域地下水超采区、黑龙江寒地井灌稻地下水超采区纳入试点范围。

三、用绿色消费理念，推动粮食生产可持续发展

尤其是食品方面突出绿色化、优质化、特色化、品牌化，走质量兴农、绿色兴农之路。我们从粮食生产源头，然后到消费者思想观念上，尝试打造从田间到餐桌形成一条绿色消费的完整链条，绿色食品认证开创了我国农产品质量安全认证的先河。通过从终端消费的绿色食品消费观念的培育，这无疑是非常重要的一个环节。绿色食品特指无污染的安全，优质，营养类食品。目前，中国绿色食品发展中心已在全国 30 个省（自治区、直辖市）委托了 38 个管理机构，9 个产品质量监测机构，56

个环境检测机构，形成了覆盖全国的绿色食品工作系统，建立了涵盖产地环境、生产过程、产品质量、包装、储运及专用生产资料等环节的质量标准体系框架，制定了一批绿色食品标准，颁布了《绿色食品标志管理办法》。

粮食从收获到真正形成产品粮或者食品是一个成熟的链条，包括从生产、流通、加工、形成商品到终端消费，在各个环节其实都逐步地已经有了绿色消费理念的引导。大家越来越注重绿色环保，从源头上形成可信的绿色产品。这个也少不了储粮环节的绿色储粮、科技储粮。在整个粮食生产的链条中，需要有绿色消费和绿色生产，政府作为引导者，企业作为主导者，消费者有了正确消费观念，做到真正的绿色消费深入人心，最终推动我国粮食生产、消费可持续发展。

推动我国粮食产业链发展对策

张士杰　南京财经大学经济学院教授

张家榕　南京财经大学经济学院

2018 年，国家实施乡村振兴战略。2019 年，中央一号文件再次聚焦"三农"问题，强调农业农村优先发展。在经济新常态下，结构性矛盾已成为我国农业的主要矛盾，建立健全粮食产业链，解决粮食产业的结构性矛盾，不仅能够实现粮食可持续发展，增加农民收入，也是推进农业供给侧结构性改革、实现中国农业现代化的关键所在。目前，我国粮食产业链发展处于初级阶段，研究粮食产业链发展具有较强的实践意义。

一、推进我国粮食产业链发展的必要性

（一）国内环境要求

全国粮食总产量从 2003 年的 43069.5 万吨增长到 2015 年的 62143.9 万吨。虽然 2016 年由于部分主要农作物的结构调整，粮食总产量下降了 0.8%，但依旧保持在较高水平，2017 年达到 61791 万吨。粮食总产量的逐年增长，解决了阶段性粮食供给总量的问题，但粮食问题已由总量矛盾向结构性矛盾转移。粮食总产量增长的背后存在着粮食增产和农民增收之间的矛盾，粮食产业链结构不合理，粮食产业之间联结松散、发展低效缓慢，"多而散"的产业模式阻碍了农业现代化的发展。我国小麦、棉花、玉米等主要农作物长期存在价格倒挂现象，并且受到世界贸易组

织的限制。在稳定粮食生产的同时，更要注重粮食品质的提升和粮食产业的优化升级。在国家实施乡村振兴战略的背景下，推动粮食产业融合发展、构建系统高效的全产业链，有助于农业现代化发展。

现代粮食产业更注重产业链体系的发展，构成粮食产业链的各个部分是一个有机的整体，相互联动、相互制约、相互依存，在技术上具有高度的关联性。粮食在资源整合下实现生产、收购、储藏、加工、运输、销售等连接，拓展供应链，延伸产业链，提升价值链，能够带来更多的导向性消费和经济效益。这不仅能够扩展农民的就业增收渠道，提高农村和农业的经济综合实力，也有利于粮食产业新模式、新业态的创新发展，促进生产要素和城市资本回流，缩小城乡差距，推进城乡一体化发展。

（二）国外环境要求

当前，全球经济还没有从低谷中复苏过来，前景具有不确定性，中国经济发展受到外部一定程度影响。为了促进农业经济的稳定发展，必须寻找新的突破口。在全球化背景下，我国的粮食市场不再是一个独立的个体，需要时刻注意外部环境变化带来的影响。中国已经具有较强的综合实力和国际影响力，但依然面临着复杂多变的国际形势。以大豆为例，我国对大豆的进口依存度高。ADM、嘉吉、邦吉、路易达孚四大国际粮商控制着全球大豆全产业链，垄断市场。外资粮企巨头已经进入国内并布局国内市场，中国作为最大的人口国，不管何时，粮食安全都是根本。因此，必须整合粮食全产业链，完善粮食产业链布局，参与国际竞争，牢牢端紧中国人自己的饭碗，确保口粮的绝对安全。粮食产业链的发展不仅是我国经济发展的重要基础，更是我国在面对外部冲击时的必然选择。

二、当前我国粮食产业链发展的主要问题

(一) 粮食产业经营主体发育缓慢

在粮食产业的链条上，经营主体是中坚力量，能够起到重要的引领带动作用。目前，就总体而言，小农经济仍是我国粮食生产的主要组织形式，农业生产主体还是以普通农户、兼业农户及种植大户为主。他们多自发形成，组织化程度低，缺乏整体优势，生产方式还是人力农耕，不仅阻碍农业机械化和规模化，而且还要面对错综复杂的市场风险。在粮食生产环节上如此，在粮食收储、加工等环节上也是如此。经营主体大多规模较小，技术落后，加工生产简单粗放、形式单一，经营成本高，综合效益低，难以进行粮食的深度开发利用，粮食的副产品利用率很低，不利于粮食产业链的延伸和粮食产业的增值，不利于农民增收和经营主体增效。以家庭农场、农民专业合作社、产业化龙头企业为代表的经营主体规模相对小、数量少，不利于新技术、新业态、新模式的农村产业融合。

(二) 粮食产业利益联结不紧密

现代粮食产业发展已不单纯是某个粮食流通组织、企业或服务的竞争，更表现为粮食产业链条和产业体系的整体竞争。我国粮食生产、储藏、加工等环节处于"小而散"的状态，导致粮食产业间的联结松散，远没有达到链条化、整体化的生产。经营主体和农户之间采取简单的订单方式，双方各自追求利益最大化，在粮食市场价格波动较大时，易发生毁约行为。农民往往处在弱势地位，承担更大市场风险。在粮食全产业链中，没有形成一个风险共担、利益共享的分配机制。

(三) 粮食产业要素制约

要形成完整的粮食产业链，资本、土地、人才、科技等要素缺一不可。我国农村在吸引优质资源方面存在劣势，要素供给不足制约了粮食

产业链发展。

1. 农村资金匮乏。农村融资渠道少，信息不对称，潜在风险高，融资率低。

2. 土地流转进程较为缓慢。流转后的耕地"非农化"严重，再加上建设用地逐年增加，导致粮食种植面积相对减少，影响了粮食产业发展。

3. 农民受教育水平较低。大多数没有系统地接受过粮食产业的知识培训，专业知识及技能的缺乏使其无法满足粮食产业创新的需求。

4. 粮食主产区物流、仓储、电子商务等设施不能满足粮食产业发展的需求。

三、加快我国粮食产业链发展的建议

（一）培育粮食市场主体

现代化粮食经营主体具有技术水平高、市场竞争强、辐射带动广等优点。培育以家庭农场、农民专业合作社和龙头企业等为代表的现代规模经营主体，支持龙头企业组建大型企业集团。同时，在政府指导下，采取"走出去"战略，组建跨产业、跨地区、跨国别的粮食企业，参与国际竞争。

（二）完善利益联结机制

粮食产业链中的各个经营主体只有建立紧密的利益联结机制才能牢靠持久地相互促进，共同发展。农户在粮食产业链中是最为弱势的群体，要将农户纳入粮食产业链的经营主体之中，把单纯提供粮食原料的粮农变为加工增值利益的合作者，完善订单，提高农民地位。通过产业链的纵向延伸，将各利益主体有机连接起来，在粮食产业链上形成"流通企业＋加工企业＋农民合作经济组织＋农户（农场）"的组织形式。引导经营主体，建立激励、共享机制，采取利润分红、股份合作等方式，使粮食产业链各个经营主体的利益紧密联系起来。

（三）优化要素资源

推动粮食产业链发展，应当整合资本、农村土地、人才以及科技等要素，充分发挥资本、土地的重要作用。

1. 鼓励社会资本主动参与粮食产业链发展。完善农业信贷担保、保险等政策，扩宽农业融资渠道，促进资本向农业、粮食产业链流动。

2. 政府采取财政补贴、贷款贴息等政策，健全农村土地承包权流转机制，加快土地流转。

3. 提高农民素质。引导大专院校，培养大批爱农业、懂技术、会管理的职业农民。政府和企业制定吸引优秀人才到农业、粮食产业链经营主体工作的激励政策和措施，指导人才向农业流动。

4. 加大对粮食产业链的投入。要指导有关各方，一是资金投入；二是科技投入；三是项目投入；四是其他投入。

中外粮食概念比较

——粮食不是特殊商品

肖春阳　中国粮食经济学会

经济学概念的科学界定非常重要。如果概念模糊，则容易导致理论混乱与政策偏颇。中国的粮食与世界通行的粮食概念并不一致，差别较大，认真进行比较研究，具有重要的理论与实践意义。

一、粮食不是特殊商品

目前，有学者认为，粮食在国民经济中占有十分重要的地位，提出粮食是特殊商品，以示与其他商品相区别。

笔者认为，这一表述不准确。因为，马克思认为，货币是充当一般等价物的"一般商品"，而其他商品各有其特点，货币是特殊等价物，因而是特殊商品。如果说粮食是特殊商品，容易与货币产生混淆。

粮食，人人必需，天天必需，是人类生存与发展的必需品，是国民经济发展的基础。

二、中国粮食概念

（一）传统粮食概念

中国传统粮食的解释有广义和狭义之分。狭义的粮食是指谷物类，即禾本科作物，包括稻谷、小麦、玉米、大麦、高粱、燕麦、黑麦等，习惯上还包括蓼科作物中的荞麦。广义的粮食是指谷物、豆类、薯类的集合，包括农业生产的各种粮食作物。这与国家统计局每年公布的粮食产量概念基本一致。豆类，主要包括大豆、绿豆等。这里特别要指出的是，大豆，中国将其归类为粮食；联合国粮食及农业组织将其归类为油料。薯类主要包括甘薯、马铃薯等。2016 年 9 月出版的《现代汉语词典》（第 7 版）对粮食的解释是，供食用的谷物、豆类和薯类的统称。

粮、食在中国古代字义是有区别的两个字。如《周礼·地官·廪人》中"凡邦有会同师役之事，则治其粮与其食"。东汉学者郑玄（公元 127~200 年）注解："行道曰粮，谓粮也；止居曰食，谓米也。"这里的"粮"是指行人携带的干粮，行军作战用的军粮；"食"是指长居家中所吃的米饭。后来这两个字逐渐复合成"粮食"，在先秦史籍《左传·鲁襄公八年》中就有"楚师辽远，粮食将尽"的记载。中国古代粮食的代称也叫谷、五谷、八谷、九谷、百谷等，但以五谷为最多。五谷这个词，初见于《论语·微子》中"四体不勤，五谷不分"。五谷的种类古代说法不一，《周礼·夏官职方氏》中"其谷宜五种"注指：黍、稷、菽、麦、稻，这是很普遍的一种解释。后统称谷物为五谷，但不一定限于五种谷物。当时，人们很迷信自然，称社为地神，稷为谷神，故将二者结合在一起称为社稷。由于古代以农立国，"国以民为本，民以食为天"，因此社稷成了国家的代名词。

根据考古发掘研究，中国是世界上最早、最大的农作物起源中心之一。中国最早出现的粮食作物，南方以水田作物稻为代表，起源于中国，距今有 1 万多年的历史；北方以旱地作物粟为代表，起源于中国，距今有 6000 多年的历史。糜子有粳糯两种类型，粳性的称稷，糯性的称黍，起源于中国，距今至少有 5000 多年的历史。大豆又称菽，起源于中国，距今至少有 5000 多年的历史。

国家统计局《2018 中国农村统计年鉴》公布的数据显示，2017 年中国粮食作物总产量 66160.7 万吨，其中谷物 61520.5 万吨，占粮食总产量的 93.0%；豆类 1841.6 万吨，占 2.8%；薯类 2798.6 万吨，占 4.2%。谷物主要品种产量的排列是：玉米 25907.1 万吨，占谷物产量的 42.1%；稻谷 21267.6 万吨，占 34.6%；小麦 13433.4 万吨，占 21.8%；谷子 254.8 万吨，占 0.4%；高粱 246.5 万吨，占 0.4%；其他谷物 411.2 万吨，占 0.7%。由此可见，在中国古代曾作为主食的黍、稷、粱等粮食品种，现已退居次要的地位。

（二）粮食部门粮食概念

粮食部门的粮食概念，是指其经营管理的谷物、豆类、薯类商品品种，一般按贸易粮口径统计。为了能在不同地区之间进行粮食统计资料的搜集、整理、汇总和比较，粮食部门对粮食商品品种统一进行分类，规定排列顺序。1950 年，粮食包括七大品种：小麦、大米、大豆、小米、玉米、高粱、杂粮。1952 年，粮食减为四大品种：小麦、大米、大豆、杂粮。新中国成立初期，我国人均谷物产量很低，为确保人人有饭吃的低标准的粮食安全，把能够有助于实现温饱水平的豆类、薯类也纳入谷物产量之中。因此，从 1953 年起，国家修改农业统计口径，每年公布的粮食产量均采用广义的粮食概念。1953 年，粮食增为五大品种：小麦、大米、大豆、杂粮、薯类。1964 年，又把杂粮改为"玉米等"，粮食为新五大品种：小麦、大米、大豆、玉米、薯类。1994 年，粮食的五大品种又改为：小麦、大米、玉米、大豆、其他。此后沿用至今。

在粮食商品品种中，粮食部门根据其领域和作用对象的不同，分为四类：

1. 原粮，又称"自然粮"，是指收割、打场和脱粒后，未经碾磨加工和不需要加工就能食用的粮食。如小麦、稻谷、大豆、高粱、玉米、绿豆、大麦、蚕豆、薯干等。在计算原粮总数时，对已加工为成品粮的粮食，要按规定的折合率折算为原粮。在统计全社会粮食生产时，采用原粮。

2. 成品粮，是指原粮经过加工后的成品，如面粉、大米、小米、玉米面等。但是有些原粮不经过加工也可直接制作食物，既算原粮，也算成品粮，如薯干等。在统计成品粮时，对不是成品粮的品种，要按规定的折合率折算为成品粮品种。中国供应给城镇居民的口粮，供应给饮食、食品业的粮食，都是按成品粮统计。

3. 混合粮，又称"实际粮"，是指原粮和成品粮的统称，即按照经营活动发生的实际粮食品种进行排列的方法，如小麦、面粉、稻谷、大米、大豆、高粱、玉米面等。基层粮食部门为了便于直接观察业务活动实际情况，通常使用混合粮，如年粮食经营量。

4. 贸易粮，是指粮食部门在计算粮食收购、销售、调拨、库存数量时，统一规定使用的粮食品种的统称。在计算时，要将原粮（如稻谷）或成品粮按规定的折合率，折合成对应粮食品种的贸易粮（如大米）。有一些粮食品种既是原粮，又是贸易粮，如小麦等。

（三）统计部门粮食概念

统计部门粮食概念，按收获季节包括夏收粮食、早稻和秋收粮食，按作物品种包括谷物、薯类和豆类。粮食除包括稻谷、小麦、玉米、高粱、谷子、其他杂粮外，还包括薯类和大豆。其产量计算方法，豆类按去荚后的干豆计算，薯类（包括甘薯和马铃薯，不包括芋头和木薯）1963 年以前按每 4 千克鲜薯折 1 千克粮食计算，从 1964 年以后按 5 千克鲜薯折 1 千克粮食计算，2014 年开始按鲜薯计算。其他粮食一律按脱粒后的原粮计算。1989 年以前全国粮食产量数据主要靠全面报表取得，1989 年开始使用抽样调查数据。

粮食比国际上通行的谷物口径大，相当于谷物、薯类、大豆三者之和。

谷物包括稻谷、小麦、玉米、谷子、高粱和其他谷物，不包括豆类和薯类。谷物作物一律按脱粒后的原粮计算。

豆类作物是以食用种子或其制成品的豆科植物，包括大豆和杂豆。大豆包括黄豆、黑豆、青豆三类。产量按去荚后的干豆计算。

薯类作物，包括甘薯和马铃薯，不包括芋头、木薯等。芋头一般应作为"蔬菜"计算，木薯作为其他作物计算。城市郊区以蔬菜种植为主，故把马铃薯产量统计在蔬菜内。

（四）大粮食概念

大粮食概念就是广义的理解粮食，把凡是能吃并能为人体提供所需营养的物质都看作是粮食。因此，粮食概念的外延不仅包括谷物、豆类和薯类，而且还包括其他一切能维持人体生命、保证肌体发育、补充营养消耗的各种动植物产品、养料和滋补品。这与国际上通用的食物概念大体一致。中国传统粮食概念相对大粮食概念来说，就是小粮食概念。

对于这个问题，"仁者见仁，智者见智"。中国最早提出这个问题的是中国科学院植物研究所侯学煜教授，他在 1981 年 3 月 6 日的《人民日报》上发表了《如何看待粮食增产问题》一文，认为：单纯抓谷物类粮食，不仅解决不了粮食问题，而且还导致了生态平衡的破坏，主张在经营好现有耕地的同时，充分利用山林、水面、草原的丰富资源，广辟食物来源，从而提出了大粮食的概念。

大粮食概念的提出和确定具有重要意义：

1. 这是解决中国粮食供求矛盾的新思维。中国是一个发展中国家，现有 13 亿多人口，其中 9 亿多是农民。生产力水平低，耕地资源十分有限，农业基础薄弱。粮食求大于供的状况将长期存在。树立大粮食的观点，立足现有耕地，搞好国土资源的综合利用，向山区、草原、森林、江河、湖海的深度和广度进军，广开食物来源。充分利用现有条件，因地制宜，在抓紧传统粮食生产的同时，狠抓畜牧业、渔业、养殖业、果类和木本粮油林等的生产，以替代部分小粮食。只有这样才能从根本上解决中国的粮食供需问题。

2. 有利于科学改善人们的食物结构。人体所需要的营养素，就是碳水化合物、脂肪、蛋白质、维生素和矿物质五大类。其中，以蛋白质为最重要。它是生命的基础，一切细胞的组成都离不开它，人体脑力劳动强度的大小，通常与蛋白质消耗的多少成正比。蛋白质的基本组成部分是氨基酸，有 20 多种。其中成人有 8 种（赖氨酸、色氨酸、苯丙氨酸、蛋氨酸、苏氨酸、亮氨酸、异亮氨酸和结页氨酸）、小孩有 10 种（另加组氨酸和精氨酸）是人体所需，而体内不能合成，需要食物供给。这些称为必需氨基酸。碳水化合物虽可为人体提供能量，但不能转化为蛋白质。因此，法国医学博士富斯指出：以碳水化合物为主的食物结构是粮食的旧概念，以蛋白质为主的食物结构是现代粮食的新概念。显然，大粮食概念的确定，对于提高人们的生活水平，满足人体合理所需各种营养素具有十分重要的作用。

3. 粮食概念是不断发展和变化的。粮食的概念随着人们对大自然开发利用程度的不断提高，将会赋予它更新的内涵和外延。这也是人们对客观世界的认识不断深入和改造世界的能力逐步提高的客观表现。

但是，大粮食这个概念并不能取代中国传统粮食的概念。因为中国传统概念中的粮食是中国居民传统食物中的主要品种，深入研究小粮食问题，有利于正确处理农业内部的种植业同畜牧业、养殖业、渔业和林业等各业的关系。如以木本粮油为例，据有关资料记载，中国传统的木本粮食有 200 多种，木本油料有 150 多种，像板栗、锥栗、茅栗和柿等都是优良的食物；橡子、沙枣和木豆等经加工后也可食用。然而这些属于林业生产的范畴。

持不同意见且有代表性的是原国内贸易部商业经济研究中心丁声俊研究员的观点。他在 1982 年第 3 期的《经济研究》上发表了《试论粮食在我国农业发展战略中的地位》，其主要论点是：提出大粮食观点的主观愿望是希望从多种经营途径解决人民的食物问题。但是大粮食作为一个科学概念欠周密，因为：第一，容易引起粮食与多种经营概念的混淆。第二，它打乱了国内外基本一致的农业分类体系。第三，它脱离了中国当前的国情。第四，它低估了禾本科粮食的营养价值。

三、国外粮食概念

国外通用的食物、谷物概念与中国粮食概念大不一样。英文 Food 译为中文是食物，是指可吃的干物质。它和供饮用的含营养成分的液体"饮料"是一个相对的名词。1982 年英国出版的《简明牛津字典》对 Food 的解释是：维持肌体生长、代谢和生命过程以及供给能量所必需的物质，它基本上由蛋白质、碳水化合物和脂肪构成。此外，还含有一些肌体所必不可少的矿物质、维生素和辅助物质，它是固体形态的营养物质。

英文 Grain 译为中文是谷物，*Webster's New Twentieth Century Dictionary* 注释为特指谷物植物生产的，如小麦、稻谷、玉米、黑麦。联合国粮食及农业组织 1999 年出版的中文版《生产年鉴》第 52 卷（1998）所列的详细谷物产品目录有 8 种，即小麦、稻谷、粗粮（包括大麦、玉米、黑麦、燕麦、小米、高粱）。

Food and Agriculture Organization of the United Nations 译成中文应为联合国食物及农业组织，但是，人们长期译成联合国粮食及农业组织。因此，把 Food、Grain 都译成粮食，也就约定俗成了。

需要指出的是，对于稻谷（Rice），联合国粮食及农业组织在统计粮食生产总量时，一般采用原粮"稻谷"这一概念。在统计粮食贸易总量时，一般采用成品粮"大米"这一概念，其 1999 年出版的中文版《贸易年鉴》第 52 卷（1998）所列的农产品贸易项目第 36 项为大米。有时也采用成品粮"稻米"这一概念，2008 年 4 月出版的中文版第 1 期《作物前景与粮食形势》在公布世界谷物库存量时，使用的是稻米。经向中国曾经在联合国粮食及农业组织工作过的同志请教，他们解释，主要原因是各国报送统计报表时，有的理解为稻谷，有的理解为大米，有的理解为糙米。因此，稻米实际上是稻谷和大米的混合粮。

这里，需要澄清一个非常重要的概念。联合国粮食及农业组织每年公布世界谷物总产量时，由于中国翻译上的习惯，常译成"世界粮食总产量"。其实这个"世界粮食总产量"只是谷物，不包括豆类和薯类。显然这和中国粮食产量的统计口径有很大差别。中国在统计粮食产量时，除谷物外，还包括豆类和薯类。如果将中国粮食总产量与"世界粮食总产量"进行对比时，一定要将豆类和薯类的产量从中国粮食总产量中剔除出去，这样统计口径一致，才有可比性。

由于中国粮食概念与世界通行的粮食（谷物）概念不一样，因此联合国粮食及农业组织对中国谷物库存量的估算偏高。因此笔者建议：一是中国公布"世界粮食总产量"时，改为"世界谷物总产量"这一概念。二是中国有关部门尽快研究公布中国每年的谷物库存量。三是联合国粮食及农业组织可将各国谷物统计时间统一采用日历年度，以避免各国谷物统计年度时间划分不一，导致统计量上的差异。这样各国的谷物比较分析就更有意义。四是对于稻谷，统计原粮时，采用稻谷；统计成品粮时，采用大米；统计混合粮时，采用稻米（即稻谷、大米）。

小岗村永不褪色的"红手印"

汤小波　郑　莉　安徽省粮食局

小岗村发生的翻天覆地的变化，是我国改革开放的一个缩影，让人感慨万千。实践证明，唯改革才有出路，改革要常讲常新（2016 年 4 月 25 日，习近平总书记在安徽滁州市凤阳县小岗村考察时的讲话）。

夏日的一天上午，我们来到凤阳县小岗村。笔直绵长的改革大道两侧，绿树成荫，数千亩高标准农田连绵起伏，金黄色的油菜花烂漫盛开，染尽田野。走过"敢为天下先"的高大牌楼，平整的柏油路串起粉墙黛瓦的村民新居，当年农家、沈浩事迹陈列馆、大包干纪念馆等景点外地游客络绎不绝。

友谊大道两旁商铺鳞次栉比，阳光沐浴下，"大包干农家菜馆"门口，年逾七旬的关友江边在门口剥着葱，边招呼着客人。

关友江是当年"大包干"摁红手印的 18 位带头人之一。如今，41 载春秋翻过，一代代小岗人孜孜以求，继续发扬"敢为人先"的精神，种好这块中国农村改革的"试验田"，不断探索创新，用勤劳的双手建设着美丽的家园，体验着从"吃饱饭"到"富起来"的满满获得感。

有人有牛有犁，为什么搞不上吃的？——一声惊雷，掀起改革序幕。

"我是 1946 年生人，大包干那一年我 32 岁。"在"大包干农家菜馆"门口的长椅上，我们和关友江一边剥葱一边聊天，有两位从北京来的游客慕名来访，也加入了攀谈。自从 2014 年从小岗村村委会主任的位置上退下来，关友江的日子过得愈发闲适，当年摁红手印搞"大包干"的往事，遇到人问，便讲得愈发清晰。

"泥巴房、泥巴床，泥巴锅里没有粮，一日三餐喝稀汤，正月出门去逃荒。"这一凤阳花鼓词，是"大包干"之前小岗人生活的真实写照。"忍饥挨饿，老是吃不饱饭，要不是实在没办法，年纪轻轻的，谁会出去讨饭？"伸手触及那些斑驳的记忆，当年的艰辛依旧难忘。

分田到户的想法，关友江他们酝酿了很久。在"不准分田单干""三级所有、队为基础"的三令五申中，1978 年 12 月的一个寒夜，18 户农民决定在一份承诺书上摁上"红手印"。"我们分田单干，每户户主签字盖章，如以后能干，保证每户的全年上交和公粮，不再向国家伸手要钱要粮。如不成，我们坐牢杀头也甘心，大家社员也保证把我们的小孩养活到十八岁。"时任小岗生产队副队长的严宏昌为表决心，还在自己起草的"生死状"上连摁了两次。

"大包干"释放了生产力。1979 年，关友江家收获了 1 万多斤粮食，再也不用饿肚子了。

正聊着，同为"大包干"带头人的严金昌从相距不远的"金昌食府"踱步过来，原来下午两点半二老受邀给小岗干部学院作报告，讲述那段波澜壮阔的历史。

"摁红手印那一年我 35 岁，时间一晃而过，今年都 76 岁喽。"严金昌瘦高个，挺斯文，说话条理清晰。回忆那个十年九荒的年代，他说："那时出去要饭很苦恼，农民有田有地，有牛有犁有耙，为什么搞不上吃的？我们心里不服气呀。"

"分田后，和生产队出勤不出力的情形大不一样，大家的劳动积极性一下子就调动起来了，那是白天黑夜地干。我们干 1 年够吃 5 年的，感觉有希望了。"按照人均 4 亩半分田，严金昌一家分得 30 多亩地。1979年，严金昌和小岗村其他农户一样，迎来了一个丰收年。当年，小岗村全队粮食总产 13.3 万斤，相当于 1955~1970 年粮食产量的总和。

摁下了"大包干"的红手印，定格了中国农村改革的起点，唤醒了沉睡的大地。小岗村的星星之火，迅速燎原全国。"敢闯、敢试、敢为天下先"，小岗人闯出了一片新天地。

天上不会掉馅饼，但只要肯干，一定能富裕起来！——多点开花，跟上时代步伐。

"大包干"一声惊雷，冲破思想桎梏，此后，小岗村实现了连年粮食增产。"20世纪80年代初，我买了辆小四轮和一台收割机。小四轮跑运输赚钱，收割机帮自家收割庄稼，也能租给别人用。"严金昌说，包产到户让生活大变样，告别了茅草房，住进了砖瓦结构的新平房。

20世纪90年代，随着工业化、城镇化的推进，农民开始转移到城镇打工。然而，吃饱了的小岗村村民发现，原本是领跑，悄然不觉间就落在了后面。2003年，小岗村人均收入只有2000多元，村集体欠债3万元。"一年越过温饱线，20年没过富裕坎。"这个"中国改革第一村"遇到了新困惑：率先实现温饱的村民迟迟未能致富，明明"起了个大早"，为何在经济发展道路上却"赶了个晚集"？小岗人又在孜孜不倦地求索。

2004年，沈浩受安徽省委选派来到小岗村担任第一书记，他的到来开启了小岗村改革的"第二春"。沈浩跑田头、走农家，多次与村"两委"成员、"大包干"带头人促膝谈心，共商发展大计，并开展解放思想大讨论，一方面听计于民，另一方面外出华西村等地取经，确立了发展现代农业、开发旅游业、招商引资办工业"三步走"振兴小岗村的发展思路。

在沈浩的带领下，小岗人又开始了新征程。曾以"分"彪炳史册的小岗村，在"合"上又成为先行者。2008年11月14日，小岗村率先成立村级农村土地流转交易代理点，开展交易业务，到2009年底已完成土地流转1800亩。作为村里最早进行土地流转的农户之一，严金昌家的50多亩土地除了分给6个孩子外，剩余的一次性流转给了上海一家公司。

红火的旅游产业，把越来越多的外地游客带到了小岗村，关友江萌生了开饭店的念头，他的想法得到了沈浩的大力支持。"家里的土地流转了，当时我看到很多游客远道而来找不到地方吃饭，就想开个饭店，沈书记也很支持，于是大包干农家菜馆就这么开起来了。现在很多自驾游、周边游的客人来体验农家生活，像昨天接待了徐州来的一个旅游团，一共 20 多桌，今天村食堂在装修，预订了 3 桌。一年赚个十几万元不是问题。民宿现在做了 3 个标间，正考虑要怎么扩大规模。"关友江说："天上不会掉馅饼，敢拼敢闯才让小岗人越来越有获得感。只要肯干，一定能富裕起来！"

换个法子来搞，土地怎么生金？——传承接力，续写崭新篇章。

来到养猪大户殷玉荣家时，她正忙着照顾猪舍里的五六十头母猪。"现在天天晚上 12 点睡，早上 6 点就起，遇到小猪仔出生，我就搬个床去陪着猪睡，熬个整宿助产接生。"她说，2012 年刚开始创业那会儿，不懂养殖技术，市场行情也不好，养猪场连续亏损三年，但她坚持了下来，埋头苦干勤奋学技术，2016 年净赚了五六十万元，养猪规模成了村里最大的，还被评上了致富带头人。"眼下行情好转，肥猪价格从年前的四五元一斤涨到了 8 元每斤，一年有千把头小猪仔，大概赚个六七十万元。"

"换个法子来搞，土地怎么生金？"这是殷玉荣最近思考的问题。她牵头组织所在村民组 18 户农民签订了土地入股合作协议，探索"小田变大田"的规模经营，让农民手中的土地资源变资产。殷玉荣说，土地入股能破解粗放经营、产销不对路等问题，她计划把规整后的土地统一经营，水田探索稻虾共生，旱地种植油菜，经营收益在提取少量公积公益金外，全部按股进行分红。"目前土地已经平整好，正在搞虾网、进出水排管、电线等，4 月清明一过，就准备育苗。"

走进种粮大户程夕兵的农机大院，这里集烘干、仓储、全程化服务、育秧工厂四位一体。"习近平总书记来视察时握住我的手说，'一定要好好干，祝你有好的收成'！那时我就下定决心一定要多种粮，种好粮，让大家吃到放心粮，不辜负总书记的期望。"程夕兵谈得最多的是发展现代化、标准化农业。今年他流转的土地将突破 500 亩，除了种粮，他积极探索稻虾共作养殖，年后挖出了虾池，4月以后准备投放虾苗。"说起来容易做起来难，遇到很多困难，但我就想从源头、品种、品质上下功夫，用标准化生产打造小岗粮食品牌，让大家吃上绿色放心的粮食产品。"谈起梦想，这位黝黑汉子身上有一股不服输的倔强劲儿。

在友谊大道上，严金昌四子严德双正在农家乐厨房里忙活，"金昌食府"从最初能坐8个人发展到现在能容纳200人，可旺季时仍不够用，他正盘算着再增加十几张桌子……

严宏昌长子严余山在小岗开了第一个淘宝店，办了第一个小岗青年创业群，发起了第一个小岗乡村振兴研讨会，最近他又创办了一个科技公司，着手推动锂电产业技术升级改造。

"从小父亲就教导我，赚钱再多都不算成功，能够带动家乡致富才算成功。"严余山说。他希望能传承并创新父辈的"大包干"精神，带动更多的小岗人发展，实现共同富裕。

当年"敢为天下先"的"大包干"精神，在年青一代的小岗村人脑海中刻下深深的烙印。敢闯敢干、创业创新，小岗村的新一代用行动书写小岗村新故事、新传奇。

一往无前蹚新路。——采访后记。

改革创新是小岗的基因和底色。40多年来，从摁下红手印大包干到土地确权颁证领到"红本本"，再到"农村资源变资产、资金变股金、农民变股东"的改革，小岗村一次次为改革探索蹚新路，这个地处淮河岸边的小村庄，始终与家国命运同频共振。地还是那块地，人还是那群人。改革大潮浩浩荡荡，小岗人虽一度也有过彷徨，却始终秉持改革初心，百舸争流，奋楫者先，与时代同进步。40多年前，全村人只有一种身份，都是面朝黄土背朝天的农民。而今，他们的营生活计五彩缤纷，种植大户、农场主、合作社、饭店老板、电商、农家乐创办者……坚持以改革激发内生动力，小岗人正凝聚全新能量，踏上新的征程。

"希望小岗村继续在深化农村改革中发挥示范作用"，这是习近平总书记视察小岗时的殷殷嘱托。

发展无止境，改革无尽期。从"一声惊雷"到"多点开花"，这不仅是小岗的改革轨迹，更是中国改革不停步的生动写照。

一个时代有一个时代的课题，一代人有一代人的使命。在中国迈入新时代的今天，我们仍然要发扬"小岗精神"，从波澜壮阔的伟大变革中汲取力量，敢闯敢试、勇于创新。这是攻坚克难、闯关夺隘的利器，也是不断抵御风险、化危为机的法宝。唯有如此，我们才能以一往无前的奋斗姿态创造新时代改革开放的荣光。

向着粮食产业强国扎实迈进

刘　慧　经济日报·中国经济网记者

粮食产业经济涵盖由原粮到产品、产区到销区、田间到餐桌的全过程，对粮食生产具有反哺激励和反馈引导作用，对粮食消费具有支撑培育和带动引领作用，是粮食供求的"蓄水池""调节器"。近年来，粮食产业链上的"产购储加销"等各环节有效链接，一二三产业融合发展亮点频现，各地粮食产业做大做强。一系列推动粮食产业发展的政策举措，为粮食产业强国建设提供了有力支撑，我国粮食产业的高质量发展不断取得新实效。

仲夏时节，万物丰茂，生机勃发。在夏粮再获丰收之际，国家粮食和物资储备局在河南郑州召开全国加快推进粮食产业经济发展第三次现场经验交流会。

"产业强、粮食安。保障国家粮食安全需要产业安全作基础。"国家粮食和物资储备局局长张务锋表示，未来要围绕建设粮食产业强国，推进产业链、价值链、供应链"三链协同"，在"绿色、优质、特色、品牌"上下功夫，培育壮大龙头骨干企业，切实增强综合实力，构建更高层次、更高质量、更有效率、更可持续的粮食安全保障体系。

一、各地粮食产业做大做强

近年来，粮食"产购储加销"各环节有效链接，一二三产业融合发展实现新突破，培育了农业发展新动能，形成了农村经济新的增长点。

围绕实施乡村振兴战略，大力发展粮食精深加工转化，推动产业链条向上下游两端延伸，在产业融合中促进农业强、农村美、农民富。黑龙江省坚持质量兴农调优"头"、接二连三壮大"尾"、勇闯市场做强"销"，千方百计促农"富"；2018 年全省加工转化原粮 723 亿斤，实现销售收入 1036 亿元，同比分别增长 31% 和 27%。以"中国好粮油行动示范市"黑龙江省五常市为例，坚持抓源头保品质、抓营销强品牌、抓产业增效益，实现农民增收、企业增效、财政增税、消费增信、品牌增值，目前五常大米品牌价值高达 678 亿元。

山东省滨州市突出高点定位、龙头带动，产业链延伸拉长实现"全"、价值链融合提升实现"增"、供应链优化升级实现"新"、产业集群集约集聚实现"强"、种植结构调整实现"优"，2018 年全市粮食产业工业总产值 1010 亿元，粮食加工转化增值率达 3.4∶1。"中国主食产业化发展示范市"河南省漯河市，建设中国食品百强工业园和临颍休闲食品产业园，主食加工业总产值达到 490 亿元，粮油加工转化率和主食产业化率分别达到 96% 和 60% 以上。湖南省南县围绕一产建基地、二产深加工、三产强配套，发展"虾稻共生"模式，打造育种、种植、收购、储存、加工、贸易、销售、服务的完整链条，年产稻虾米 24 万吨，综合产值达 100 亿元，形成产业融合互动的良好格局。

改革创新是粮食产业高质量发展的动力源泉。完善粮食价格形成机制，有利于促进粮食资源高效配置，调配优化结构，增加有效供给，加快实现粮食产业新旧动能转换。以粮食收储制度改革持续深化为契机，发挥流通对生产的反馈引导作用，鼓励龙头企业与农民合作组织、种粮大户等形成紧密的利益共同体，通过订单粮食和土地流转等方式，发展优质粮源基地。河南省粮油加工企业建立优质原粮基地 718 万亩，关联农户 190 万户。贵州省实施特种优势粮油订单种植工程，带动种粮农户创造收益 93 亿元，惠及 115 万户农户；其中贫困户近 30 万户，户均收入 3100 元以上。好粮源带来好产品，好产品实现好效益。"山西小米"平均售价从每斤五六元上升到 20 元左右，加工企业盈利水平大幅提升。

深入实施"优质粮食工程"，是做好粮食这篇大文章的有力抓手。为此，中央财政连续三年投入奖补资金 197 亿元，撬动社会资本 450 多亿元参与实施，全面推动粮食产后服务体系建设、粮食质检体系建设和"中国好粮油"行动。一批粮食产业示范园区纷纷拔地而起，重庆市集中建设江北、涪陵、江津、南岸等粮油加工园区，吸引知名企业入驻，形成集群规模效应；湖南省扶大扶强、扶优扶特和扶品牌；浙江省重点培育粮食产业化龙头企业；云南省引导土地、资本和人才等要素向重点龙头企业集聚，加速企业发展壮大。

二、"三链协同"赢市场出效益

着眼"大粮食、大产业、大市场、大流通"，以"坚持'粮头食尾'和'农头工尾'，实现高质量发展、建设粮食产业强国"为目标，加速链条整合、资源集聚，首尾相顾、互促共进，优化粮食资源配置，加快新旧动能转换，调优调绿产能结构，提高粮食产品创新力、品牌影响力和市场竞争力，加快建设粮食产业强国。

延伸粮食产业链，大力实施"建链、补链、强链"，全产业链经营等"六种模式"发展壮大；提升粮食价值链，引导企业坚持市场需求导向，打好绿色优质牌，提高产品附加值；打造粮食供应链，构建高效便捷的优质粮油供应体系。例如，山东中裕集团公司建立小麦育种、订单种植、收购储存、精深加工、废弃物综合利用和生猪养殖、有机肥还田的闭合链条，将每一粒小麦"吃干榨净"，大幅增加产品丰富度和附加值，实现了产业链、价值链、供应链的高效协同。

我国幅员辽阔，粮食产区分布广，粮食生产向主产区集中，实现首尾相顾，就要强化产销衔接，完善供应网络，提高粮食物流效率。中国粮食交易大会和黑龙江"金秋粮食交易会"、福建粮食交易洽谈会等区域性交易活动，为优质粮油产品搭建了展示和营销的广阔舞台。北京、天津、上海等城市与主产区合作共建直销通道，使优质粮油产品直通市民"米袋子"。深粮控股集团积极探索"线上 + 线下"融合，在深圳 50 多个社区全线推广自动售卖机，实现了 24 小时多品类优质粮油食品供应，2018 年营业收入突破 1 亿元。

三、高质量发展取得新实效

新中国成立 70 年来，我国粮食生产不断取得突破，粮食产量从 1949 年的 11318 万吨跃升到 2018 年的 65789 万吨；粮食供求的主要矛盾已从总量不足转变为结构性矛盾，消费需求从"吃得饱"转向"吃得好""吃得放心""吃得方便"。

坚持由增产向提质导向转变，积极推动"五优联动"。注重立足优势、突出特色，促进种植结构优化、适度规模经营，实施"优粮优产"。通过信息引导、产销对接、信贷协调等服务，将质量导向体现到政策性收购和市场化收购中，实施"优粮优购"。推广绿色生态储粮技术，建好用好智能粮库，实施"优粮优储"。优化粮食加工产能结构，强化质量、环保、能耗、安全等约束，鼓励发展粮食循环经济，实施"优粮优加"。强化产销合作，完善物流网络，推进"互联网 + 粮食"行动，提高粮食流通效率，实施"优粮优销"。吉林省从良种培育、集约种植的源头把控质量，依托"企业 + 合作社 + 基地 + 农户"搞活订单收购，通过实施"优质粮食工程"改善仓储条件，依靠标准引领提高品质价值，拓展直营店面、商超专柜、电商平台及专属稻田等立体式销售渠道，在"五优联动"中走出了打响"吉林大米"品牌、做优做强稻米产业之路。

深入开展"中国好粮油"行动计划，鼓励支持企业增品种、提品质、创品牌。"吉林大米""山西小米""广西香米""荆楚大地""齐鲁粮油""天府菜油"等一大批区域公共品牌的美誉度和市场占有率不断提高;"三全水饺""想念面条""克明挂面""香驰果葡糖浆"等知名产品远销欧美,拓展了国际消费市场空间。中粮集团、香驰控股、九三粮油、思念食品、陕农集团等一批龙头企业集团,抢抓机遇、顺势而为,迅速做优做强做大,成为粮食产业高质量发展的排头兵。西王集团集玉米精深加工、运动营养、物流运输、国际贸易于一体,年销售收入达到450亿元。

粮食产业高质量发展取得新实效,各类要素向优势地区和优势企业集聚,打造产业集群,提高集中度和竞争力。比如,龙头粮食企业实现工业增加值占比达到62%,提高近20个百分点。11个省份粮食产业工业总产值过千亿元。其中,山东省达到4000亿元,河南等5省均超过2000亿元,产业强省地位更加巩固。

2019年是粮食产业经济发展"连抓三年、紧抓三年"的第三年。两年多来,各地集中出台了一批政策含金量高、扶持力度大的举措,推动粮食产业高质量发展。各省份逐步将粮食产业高质量发展纳入粮食安全省长责任制考核,进一步压实责任、正确导向,确保政策措施落细落实。围绕实施国家粮食安全战略,推动粮食供求平衡向高水平跃升,积极防范化解粮食领域重大风险,为保障国家粮食安全提供强力支撑。

(原文刊发于2019年6月20日《经济日报》)

中国饭碗

乔金亮　经济日报·中国经济网记者

洪范八政，食为政首。粮食关系国家安危、人民幸福。新中国成立
70 年来，中国的粮食安全发展之路令世界瞩目，共和国粮食之基更牢靠、
发展之基更深厚、社会之基更稳定。近 14 亿中国人不仅解决了吃饭问
题，也为世界粮食安全贡献着中国方案。

猗猗嘉禾，今盈我仓。粮丰农稳，盛世和安。

正值盛夏。从江南鱼米乡到中原大粮仓再到东北黑土地，自南向北，
田野上展现一派收获的希望。农业农村部部长韩长赋日前在河北省南和
县宣告，2019 年夏粮丰收已成定局。

在江南，早稻已收获、中稻在成长。水稻第一主产省湖南，享誉国
际的超级杂交稻从这里走上国人餐桌，走向世界。袁隆平院士领衔的超
级杂交稻，代表了当今世界最高水平，不断刷新着水稻高产的世界纪录。
21 世纪以来，超级稻不断从"高产"向"绿色、高效、品质"迈进，通
过推广稻虾、稻鱼、稻蟹等立体种养模式，节肥节药、生态绿色，让人
不仅吃得饱，而且吃得好。

在中原，丰收的小麦刚刚颗粒归仓。小麦第一主产省河南，已发展
为国人的"主食厨房"。河南开展小麦整建制高产创建，从统一良种、肥
水管理到病虫防控、机械收获，逐步推行标准化生产。"粮头食尾""农头
工尾"，当地大力发展粮食加工业和主食提升工程。如今，中国人每吃 4
个馒头，就有 1 个来自河南；每吃 2 个速冻水饺，就有 1 个来自河南。

在东北，秋粮作物已完成播种。粮食第一主产省黑龙江，昔日北大荒已变身北大仓。田成方、路成网、林成行、渠相连，肥沃黑土上农机纵横。各类农民合作社在龙江大地开花结果，大农机、大水利、大合作、大科技，黑土地上展现着现代农业的大气魄。

一、长期以来，西方对谁能养活中国人心存疑虑

在新中国成立后很长一段时间，西方一直存在对中国粮食安全的担忧。面对质疑，中国人充分发挥自身能动性，不断实现新突破，粮食产量连年丰收，质量越来越好、结构更加合理。中国人的饭碗牢牢地端在自己手里。

新中国诞生之际，时任美国国务卿艾奇逊就放言："历代政府都没有解决中国人的吃饭问题。同样，共产党政权也解决不了这个问题。"1974年，第一次世界粮食会议在罗马召开，各国代表听到了恍若世界末日的预测。一些专家告诉他们，据测算，由于人多地少等原因，中国绝不可能养活 10 亿人口。

养活中国人的注定是中国人自己。与美国等新大陆国家相比，中国确实是人多地少，但中国人的能动性却不可小觑。1978 年的一个冬夜，安徽省凤阳县小岗村 18 位农民签下"生死状"，将村内土地分包到户，开创了家庭联产承包责任的先河。到 1979 年，小岗村的粮食产量由之前的每年 3 万斤一下子增加到 13 万斤。

"保证国家的，留足集体的，剩下都是自己的。"让小岗村民没想到的是，全国各地的人们蜂拥而至，纷纷来学习"大包干"经验。从 1982年到 1984 年，连续 3 年中央以"一号文件"的形式，对包产到户给予肯定。家庭联产承包责任制从此正式登上我国农村土地经营制度的舞台。到 1984 年，全国 569 万个生产队中 99%以上都实行了家庭联产承包责任制，粮食产量突破 8000 亿斤，人均粮食拥有量达 800 斤。

在这一年的联合国粮农组织大会上，中国政府向世界宣布：中国基本解决了温饱问题！

对此，西方世界并不相信，他们对中国粮食安全的质疑依然不绝于耳。1994年，美国学者布朗在其《谁来养活中国》一书中，表达了对中国粮食供给的担忧，认为未来以全球的粮食生产也难以满足中国巨大的需求。多年后，就连布朗本人也不得不承认，"在《谁来养活中国》出版之后的这段时间里，中国政府为提高谷物的产量采取了许多行动。这么做的结果是，中国成为基本上可以粮食自给自足的国家"。

按照农业发展的一般规律，一个国家粮食增产的持续时间越长，出现拐点的概率就越大。但是，在经历了多年连续增产之后，中国粮食发展始终高位运行、后劲十足。回顾世界粮食发展的历史，排名前6位的主要产粮国中，只有美国在1975~1979年、印度在1966~1970年实现过五连增。而中国在2004~2015年实现了十二连增的奇迹，此后连续稳定在1.2万亿斤的高位上。

"中国人的饭碗任何时候都要牢牢端在自己手上。"党的十八大以来，以习近平同志为核心的党中央始终把粮食安全作为治国理政的头等大事，高屋建瓴地提出了国家粮食安全新战略，走出了一条中国特色粮食安全高质量发展之路。

数字最有说服力。目前，我国水稻、小麦、玉米3大谷物自给率保持在95%以上，远远高于布朗预测的42.5%的粮食自给率。粮食总产连续7年超过1.2万亿斤，2018年达到13158亿斤；人均占有量超过940斤，高于世界平均水平。韩长赋深有感触地说："过去是8亿人吃不饱，现在是近14亿人吃不完。"

市场最有发言权。近年来，不仅粮食市场供给充分，肉蛋菜果鱼等产销量也稳居世界第一，人均占有量均超过世界平均水平。从城镇超市到乡村集市，粗粮细粮一应俱全、蔬菜副食目不暇接，"菜篮子"丰富，"米袋子"充实，"果盘子"多彩，成就了时和年丰的中国。

中国始终是维护世界粮食安全的积极力量。2011 年，时任联合国粮食计划署总干事撰文指出："当我在世界各地访问时，人们问我为什么有信心可以在我们这一代消除饥饿，中国就是我的答案。"2016 年，时任联合国粮农组织助理总干事劳伦特·托马斯接受经济日报·中国经济网记者采访时表示，这些年来，粮农组织非常自豪地见证了中国以仅占世界 9% 的可耕地面积和 6% 的淡水资源养育了世界 22% 人口的瞩目成就；欣喜地看到中国从早年的粮食受援国转变为向许多南半球国家提供技术援助和其他粮食解决方案的主要援助国。

二、中国人碗里装的主要是中国粮，靠的就是中国的种子

种子是农业的"芯片"。能否很好地掌握种子的选育、生产、加工技术，能否把优质品种推广到田间地头，关乎一国的粮食安全和百姓能否吃饱饭。

在北京北三环联想桥东南角，有一块占地 150 亩的"世界最贵农田"。与高昂的商品房价相比，这块地皮弥足珍贵。这些年来，从中国农科院的这块试验田里，科学家培育出中单 2 号、丰抗系列冬小麦等多个主力品种，单品种累计在全国推广面积均过亿亩，价值不可估量。

距"最贵农田"2 公里多的中国农科院大院里，有一座不起眼的 3 层红砖小楼。推开厚重的金属密闭门，立着一排排高大的架子，上面摆放着许多贴着标签的铁盒，40 多万份种质资源在此沉睡。这座小楼是始建于 1986 年的国家作物种质库，堪称农作物的"诺亚方舟"。在零下 18 摄氏度、相对湿度低于 50% 的贮存条件下，种子寿命可延长到 50 年以上。这是中国种业创新的"根据地"和"保险箱"。

这些种子是从哪里来的呢？每年 11 月至次年 4 月，位于三亚的国家南繁科研育种基地都会迎来全国 700 多家科研单位的"育种候鸟"。得益于独特的光温热资源，通过在海南加种一代，育种周期可以缩短一半时

间。对于育种科学家来说，不断繁育出新的种子是其使命。60多年来，一代代中国育种家们远离家乡专心搞科研，选育出了无数良种。

2019年4月的一天正午，正是三亚气温最高的时候，83岁高龄的著名玉米育种家程相文依然在南繁基地紧张地工作着。面对经济日报·中国经济网记者的询问，他说，"玉米最佳授粉时间是在中午时段，这些年来我已经习惯了"。他头顶烈日，吃住都在玉米地边搭建的简易板房里。程相文连续53年的春节都是在南繁基地度过的。他引进和选育了39个玉米新品种，推广种植面积超过1亿亩。在程相文等专家们的努力下，改革开放之初玉米亩产只有不到360斤，21世纪初已达640斤。

然而，一场种子战在世界范围内展开。我国种业刚刚市场化并开放市场，而恰逢跨国种业公司全球扩张之时，民族种业发展遭遇巨大压力。

在国家种业新政的支持下，育种成果加快从高校院所向种业企业转移和农民大田应用。目前，我国水稻、小麦、大豆、油菜全部为自主品种，玉米自主品种占85%以上、蔬菜占87%以上，做到了"中国粮用中国种"。辽宁省昌图县宝力镇种粮大户张强说，"前些年，我的玉米用的是美国先锋公司的种子，现在1万多亩地都已经换成国产种子了。一开始我也不信，国产种子能比国外的强？2012年试种了600亩，结果发现国产品种不仅抗大小叶斑病，还抗倒伏"。

2019年2月，新的国家作物种质库项目在中国农科院破土动工。新种质库设计容量为150万份，是现有种质库容量的近4倍，设施条件更好，信息化和智能化水平更高。新的种质库建成后，将与现有的国家农作物种质资源保护与利用中心、国家农作物基因资源和基因改良重大科学工程等一起构成系统完整的作物种质资源保存、鉴定评价、创新研究和开发利用体系，为现代种业奠定坚实基础。

翻开农作物育种领域论文数量排行榜，中国连年稳居榜首，超过美国、日本等国家，占全世界的20%。这些年来，程相文内心始终有个信念，"我们有世界上最丰富的种质资源，也应该有世界上最具竞争力的现代育种产业"。中国种子协会专家顾问组组长李立秋说，截至目前，全国选育农作物品种 4 万多个，申请植物新品种保护达到 2.7 万个，授权品种超过 1.1 万个。据统计，2018 年全国品种权申请量 4854 件，居世界第一。

改革开放 40 多年来，中国育种家们靠自己的智慧和汗水，利用我国优质种质资源，培育出超级稻、矮败小麦、杂交玉米等一批国际领先的革命性品种，推动全国主要农作物品种更新了五六次，每次更新都增产 10% 以上。在广袤农田里，他们一次又一次地创造了人类粮食生产的新高度。我们应该记住他们的名字及其创造的品种：袁隆平和超级杂交水稻、李振声和远缘杂交小麦、李登海和紧凑型杂交玉米……

三、创造中国粮食生产奇迹，离不开农业科技

如果说一粒种子可以改变一个世界，那么一项技术则能创造一个奇迹，创造中国粮食奇迹的正是中国农业科技的快速进步。

如今，我国已迈入世界农业科技大国行列，水稻、小麦、玉米 3 大主粮原生质体培养技术与国际先进水平同步，超级稻研究与新品种选育更是世界领先。中国农业科技进步贡献率由改革开放初的 27% 提高到 2018 年的 58.3%。1978 年我国粮食平均亩产仅 337 斤，1982 年突破 400 斤，1998 年突破 600 斤，2018 年达 749.4 斤。

现代农业技术同样降低自然灾害的影响。涝是一条线、旱是一大片，"龙口夺粮"靠的是旱作农业技术。我国有近一半的耕地在非灌区，由于资源性缺水严重，西北旱作农业区饱受干旱困扰。但该区域光热充足，昼夜温差大，而且降水期和秋粮作物生长期同步，适宜采用旱作技术发展玉米、马铃薯等。以覆膜双垄沟播技术为代表，西北旱作农业的潜力得以充分挖掘，打造了我国粮食生产新的增长极。

病虫害是粮食增产的克星，"虫口夺粮"则要靠现代植保技术。如果没有过硬的植保技术，迁飞性的草地贪夜蛾会让所过之处玉米几近绝产；

稻瘟病可引起水稻大幅度减产 40% 以上。中国农科院植保所研究员王振营说，我国在病虫害防控方面经验丰富，有完善的监测预警体系、专业的统防统治队伍、实用的各类植保器械，有效减少了病虫害可能带来的损失。以 2019 年为例，全国小麦赤霉病防控面积同比增加 28%，发病面积同比减少 68%，为小麦增产赢得了主动。

农机是农业科技的物质载体。2019 年 6 月，河北邢台清河县小麦开镰，400 多台联合收割机在不同区域展开作业。据了解，全县共播种小麦 29 万亩，一周时间即可收获完毕。

中国已是世界第一农机制造和使用大国，拖拉机和收获机数量遥遥领先。近年的"三夏"，全国有 1 万多个农机作业服务队抢收抢种。如果天气晴好，全国 3.4 亿亩冬小麦只需两周就能基本收完。如今，带有计亩测产功能的无人驾驶收割机、带有漏播监控功能的高速玉米播种机、植保无人机等越来越多地得以应用。

先进技术在广阔田野发挥作用靠的是大力推广，"藏粮于技"。据测算，在生产条件相同、投入不增加的情况下，仅通过提高农业技术到户率，粮食单产提高幅度便可在 10% 以上。农业农村部科技教育司司长廖西元说，"藏粮于技"既要"顶天"，注重科研成果的创新；也要"立地"，把先进技术推广到户。围绕农民需求，广大农业科技工作者将论文写在大地上，推动将专家的试验产量变成农民的大田产量。

依托农业科技，在增产的同时，农业绿色发展有了新进展，农业资源利用的强度降下来了，农业面源污染加重的趋势缓下来了。

四、国家重视"三农"投入，方能确保产区"粮仓"安稳

即使在工业化和城镇化飞速发展的今天，中国依然对粮食和农业高度重视，通过加大"三农"投入，保护种粮农民积极性，保护粮食主产区积极性。

2018 年 9 月 25 日，首个"中国农民丰收节"刚过，习近平总书记深入黑龙江农垦考察。他双手捧起一碗大米，意味深长地说道："中国粮食！中国饭碗！"这八个字，字字千钧，体现着我们党和国家对国情农情的深刻洞察。

中央始终对粮食安全有清醒认识：粮食安全历来是治国安邦的首要之务。世界上真正强大的国家、没有软肋的国家，都是能确保自己粮食安全的国家。决不能因为当前粮食供求宽裕，就简单地认为今后粮食安全可以高枕无忧；决不能因为国际市场粮价一时下滑，就简单地以为可以靠买粮吃过日子；决不能因为推进农业供给侧结构性改革，就简单地压缩粮食生产。要始终保持战略定力，确保国家粮食安全这根弦时刻绷紧。

得益于高标准农田建设，耕地质量本身也在发生变化。我国耕地中有 70% 左右的中低产田，通过高标准农田建设，力求实现旱涝保收、稳产高产。截至 2018 年，全国已建成 6.4 亿亩高标准农田。按照规划，到 2020 年，要确保建成 8 亿亩集中连片的高标准农田。

稳粮稳农民，要稳住农民种粮积极性。在市场经济条件下，农民种粮也要讲究效益，影响其种粮意愿的主要是价格。1994~2003 年，国家两次大幅提高粮食定购价格。2004 年以来，全面放开粮食购销市场，充分发挥价格作用。在此基础上，有关部门坚持并完善稻谷、小麦最低收购价政策，不断改进临时收储和目标价格政策，推动建立玉米、大豆"市场化收购"加"补贴"的机制，稳定种粮收益预期，不让种粮农民吃亏。

抓粮抓"粮仓"，要抓好主产区积极性。全国超 10 亿斤的产粮大县有 400 多个，产量占全国的 54%。但产粮大县往往是财政穷县。如何激发地方政府抓粮食的积极性？2009 年开始，国家逐步取消了主产区粮食风险基金的地方配套，每年为主产区减轻负担近 300 亿元。还推进包括常规产粮大县、超级产粮大县、产油大县、商品粮大省、制种大县 5 方面的综合奖励政策体系，奖励资金由 2005 年的 55 亿元增加到 2018 年的 428 亿元，稳住主产区"粮仓"，不让种粮大县吃亏。

有了稳定数量和质量的耕地，有了稳定的种粮队伍，有了真金白银的基础投入，大国粮仓根基十足。目前，全国农业机械化水平超过68%，农业科技进步贡献率超过58%，意味着农民"面朝黄土背朝天"已基本成为历史；农田有效灌溉系数超过53%，一半以上的农田旱涝保收，意味着"靠天吃饭"正得到改变；全国农药使用量连续多年负增长，化肥使用量已实现零增长，粮食生产的绿色底色越发鲜明。

五、改革与时俱进，机制创新为种粮人减负

一部新中国粮食发展史也是农村改革史。通过一次次改革，农业体制机制改革不断深化，极大减轻了农民负担，解放了农业生产力，改变了农村面貌。

中国农业博物馆四号展厅，有一尊三足青铜圆鼎，一米高的鼎上铭记了历代田赋变迁。这尊"告别田赋鼎"是河北灵寿县农民王三妮2006年铸造的，就在这一年，中国实行2600年"皇粮国税"的历史宣告终结，极大减轻了农民负担，甩开包袱的种粮农民，从此阔步前行。

一枚1981年发行的全国通用粮票，如今在收藏品市场上可以卖到几百元，年轻人根本想象不出计划经济时代的粮票有多重要。那个年代，没有方寸大小的粮票，有钱也买不到粮。1955年，全国通用粮票开始在各地发行使用。作为计划经济的特征，在使用票证购买生活必需品的年代，不仅粮食、食用油，甚至买糖、蛋糕、肉、鱼等都必须使用票证。

改革开放后，经营制度的调整对于生产力、土地产出的促进作用始于小岗村。"过去一大二公影响了农民投工投劳，而大包干让土地释放出了增产潜力。"中国农科院农业经济所研究员刘合光分析说："通过家庭承包使农业生产中高昂的监督成本内部化，重构了农业生产的微观组织基础，调整生产关系以解放农业生产力，很快解决了粮食等主要农产品的短缺问题。"

"菜篮子""米袋子"，都是最基本的民生需求，中国的改革丰富了人们的饭碗和餐桌。今天，站在北京日吞吐 3.6 万吨蔬菜水果的新发地批发市场大门前，你可能很难想象，这个亚洲最大的蔬菜水果交易市场在 1985 年还只是新发地村的"土市场"，几辆三轮板车就是货架。新发地市场创始人张玉玺回忆说，1985 年，北京放开了肉、蛋、菜等 5 种农产品的价格，同时打开城门，欢迎各地蔬菜进京，新发地村的菜农们开始在村口摆摊卖菜。

随着农业经济的长足进步，农产品市场由卖方市场转变为买方市场，让曾经紧俏的粮票风光不再。1985 年的中央一号文件明确提出，对已经实行 32 年之久的农产品统购统销政策进行改革。从此粮油等农产品由统购统销转向价格"双轨制"。1992 年 10 月，各地先后放开粮食及其他农产品价格，促进粮食产销与市场接轨。1993 年，北京市宣布取消粮票。至此，粮票彻底退出流通，定额定量供应的计划配给制成为历史。市场化改革解除了计划经济对农业发展的约束，从 1993 年至 1998 年，粮食产量连续跨越了几个台阶。

粮食产量稳步提升，国家对农村税费和农业补贴的改革紧锣密鼓。取消农业税，意味着国家与农民的关系开始从"取"到"予"的转折。中央农办副主任韩俊回忆说，2004 年起，国家对种粮农民开始粮食直补，同年启动农机具购置补贴。2006 年在取消农业税的同时，陆续增设了农资综合补贴和良种补贴。这构成了中央财政支农四项补贴。到 2013 年，农业"四补贴"达 1700 亿元，10 年间提高了 11 倍。据专家测算，如按"四补贴"资金计，农民平均每生产 1 斤粮食，国家补贴达 0.14 元。

机制创新始终伴随着农业农村发展变化的进程。近年来，大量农村青壮年进城务工，种粮农民呈现老龄化和兼业化，农村留守的多是老人、妇女、小孩，农村种田的局面发生了变化，人称"三八""六一""九九"部队。"谁来种地"成为粮食生产必须直面的问题，也需要经营体系相应作出调整。2014 年，中央提出引导农村土地经营权有序流转，发展适度规模经营。2016 年，中央又推进承包地"三权分置"改革，这是继家庭联产承包责任制后的又一个重大制度创新。

把分散的农户组织起来，把分散的作业统一起来，农民合作社日渐成为提高粮食产能的有效途径。江西省定南县岭北镇大屋村种粮大户李金明就尝到了合作种粮的甜头。他联手村里的 6 位种粮大户，成立了乐丰农机专业合作社。合作社统一良种、技术、机收和销售，节本增效明显，社员年纯收入较之前增加了 20%以上。对社员来说，合作经营不仅产量得以提高，就连市场话语权也变强了。

目前，全国依法登记的农民合作社有 217.3 万家，经农业部门认定的家庭农场近 60 万家，社会化服务组织达到 36.9 万个，土地经营权流转比例达 36.5%。如今，逐步形成以家庭经营为基础、合作与联合为纽带、社会化服务为支撑的复合型农业经营体系。当有能力有意愿务农的新型职业农民和新型经营主体进入农业，"谁来种地"在农业经营体系改革中找到了答案。

六、食物极大丰富，确保粮食安全才能安天下稳民心

从南方双季稻种植区到北方农牧交错带，从内湖的大水面养殖到深远海的海洋牧场，从西南的高原农业到西北的旱作农业……多元农业形态、多样农业资源，保障了"米袋子""菜篮子"产品的丰富，也稳定了民心。

念好"山海经"，唱好"林草戏"，打好"果蔬牌"，近年来各地树立大粮食观、大农业观，面向整个国土空间挖掘各种资源潜力，建立多元化的粮食和重要农产品保障体系。

在种植业内部，合理配置粮食作物、经济作物和饲料作物。鼓励适宜地区增加饲草料、小杂粮、特色林果的供给；在种植业外部，创新理念，"主产区调出原粮是贡献，调出肉蛋奶、调出加工食品同样也是贡献"。

在高精度卫星地图上，可以清晰地看到山东寿光每个蔬菜大棚的位

置。从小土棚，到下挖式卷帘棚，到无立柱钢结构大棚，再到物联网云棚，当地蔬菜大棚已经发展到了第7代。有了大棚蔬菜，人们享用的蔬菜品种比世界任何地方都要多。数据显示，1978年，我国仅有设施蔬菜面积4万亩、人均占有量0.4斤；2018年，设施蔬菜面积达5800多万亩、人均占有量360斤。我国蔬菜总产量、人均占有量，连续多年稳居世界规模以上蔬菜生产国的第一位。

水产业也是我国的优势产业。目前，我国水产养殖产量突破5000万吨，占全世界水产养殖产量的60%以上。同是地处东亚，中国和印度人口接近，但中国的水产品消费量是印度的12倍——尽管印度的地理条件更理想，位于渔业资源丰富的热带，两面围绕着温暖的海洋。在中国人每年消费的6500万吨水产品里，只有1500万吨来自捕捞，其余均来自养殖。

有鱼吃、有菜吃、有肉吃，有人也许会有疑问，既然食物已经极大丰富，为何还强调粮食？相比其他农产品，粮食的种植适宜性较大、贮存时间较长、大规模远程运输难度较小，是最适宜作为国家战略储备资源的食物。更重要的是，粮食在生物链中处于底层，肉、蛋、奶、油脂等均由其转化而来。从贸易角度看，目前全球粮食的可贸易量约6000亿斤，不到我国消费量的一半；大米贸易量约700亿斤，仅相当于我国大米消费量的1/4。可见，无论消费结构如何变化，国际形势如何发展，始终要抓好粮食这一安天下、稳民心的战略产业。

吃得安全、吃得健康、吃得营养，消费者日益增长的美食需求在农业高质量发展中得到满足。一位院士说："过去，我们是单以产量论英雄，谁能育出高产品种、谁能拿出增产措施，谁就是英雄；现在，导向在变化，以产量、品质、效益综合论英雄。"如今的不少品牌农产品上，消费者可以通过扫描二维码，了解种植信息、生长期、施肥次数、喷药情况等。通过不断完善农业全产业链，加以信息化的追溯手段，各生产主体努力确保农产品从田间到餐桌的安全、营养。

与一些国家通常只注重粮食生产的做法相比，中国强调要同时加强粮食生产、储备、流通 3 大能力建设，这是对大国粮食安全保障能力建设的重大创新。如今，国家 11 个部委积极配合，产区销区通力合作，农区牧区齐心协力，落实国家粮食安全新战略，从"单一安全"向"全链条安全"，从"产量安全"向"生态安全"，加快构建符合我国国情的粮食安全保障体系。

七、不仅让近 14 亿人吃饱吃好，还参与解决世界粮食问题

在成功让人类 1/5 以上人口吃得饱吃得好的同时，中国没有忘记世界。从 2006 年起，中国就成为仅次于美国和欧盟的世界第三大粮食援助捐赠国，还为世界解决粮食问题贡献出了"中国方案""中国技术"。

2008 年，全球粮食危机爆发，国际粮价暴涨超过 45%，全球粮食储存跌至 30 年的最低点。在这场危机中，中国牢牢守住 18 亿亩耕地红线和 95% 的粮食自给率，从容地应对了国际粮价波动，保持了粮食供应的稳定。在当时和随后的一段时期，中国力保国内粮价稳定，为世界粮价企稳作出突出贡献。事实证明，中国没有对世界粮食市场形成冲击，也没有对发展中国家的粮食进口需求形成竞争威胁。

在"一带一路"倡议的实施中，中国粮食技术正在走进沿线粮食短缺国家，助力它们生产出更多粮食。派出人员最多的中国—尼日利亚南南合作项目，被誉为"全球农业南南合作的样板"。尼日利亚农业和农村发展部部长奥杜·奥贝赫来华时曾高兴地告诉经济日报·中国经济网记者："在中国的支持下，我们农业已经取得了长足发展，现在已经是非洲最大的水稻和玉米生产国。相比以前，大米进口量降低了 90%。"

中国对其他发展中国家解决粮食安全问题也产生了很好的外溢效应。近年来，我国在全球近 100 个国家建立了农技示范中心、农技实验站和推广站，先后派遣农业专家数万人次，帮助这些国家培养了大批粮食技术人员。

2018 年 11 月，全球农业南南合作高层论坛在湖南长沙举行。论坛期

间，联合国粮农组织总干事格拉齐亚诺接受经济日报·中国经济网记者采访时说，过去 40 年，中国始终积极参与南南合作，已是联合国粮农组织加强南南合作的最大贡献者。作为全球最早实现联合国千年发展目标中减贫目标的发展中国家，中国在消除贫困和饥饿方面有不少经验可以共享。在农作物种植、灌溉及水产养殖、农业机械化等方面为发展中国家提供了宝贵的技术援助。

超级杂交稻是中国对世界粮食安全的突出贡献。中国工程院院士袁隆平有一个杂交稻全球梦，"全世界有 22.5 亿亩水稻，如果有一半种上杂交稻，增产的粮食可以多养活 4.5 亿人"。如今，超级稻占国内水稻总种植面积的三成，比其他品种亩均增产 137.6 斤，在印度、越南等国家推广达 9000 多万亩，平均亩产比当地优良品种高 266 斤。不久前，袁隆平团队在阿联酋热带沙漠实验种植水稻获得成功。未来，水稻有望覆盖阿联酋 10% 以上国土面积，不仅能提升其粮食自给能力，而且有望改善当地生态环境。

接受经济日报·中国经济网记者采访的多位外国专家表示，中国的成功经验为发展中国家解决粮食问题提供了可复制方案。世界粮食计划署执行干事大卫·比斯利认为，世界上 70% 的粮食都是小农户生产的。来自中国的经验向其他发展中国家的小农户展示了怎样发展农业，这些小农户是实现粮食安全的关键。国际农发基金总裁吉尔伯特·洪博表示，中国的一个重要经验就是不仅关注生产力，还关注能源、水利以及运输、道路等基础设施，切实改善小农户的生产环境。

"五谷者，万民之命，国之重宝。"进入新时代，我们在解决近 14 亿中国人的吃饭问题上不断书写鸿篇、创造历史，走出了一条适合中国国情的粮食安全发展之路。未来，中国人的饭碗将端得更牢。

（原文刊发于 2019 年 6 月 24 日《经济日报》）

收粮变化亲历记

石少龙 湖南省粮食和物资储备局巡视员

1977 年寒冬，我走进高考考场时，可谓改革开放前夜。那时，在湘中偏西南一个叫傅家垴的乡村，跟着农民朋友做了 3 年"知青"的我，考试后得以初选，还过了体检、政审，可一时没等来录取消息。旋即，我们高考入围但没接到录取通知书的考生，被县一中免费招入复读。未料，因为中专扩招，刚开班，我就接到一纸湖南省粮食学校的录取通知。

此时已是 1978 年之春，我赶紧回乡迁户口、转粮食关系。当我带上行囊准备离村时，曾经朝夕相处的农民，沐浴着和煦的春风，正在水稻田耕耘。

我想到下乡之初，我们这群十六七岁的知青，也是在这丘紧邻马路的水田边看过扯秧，农民小心地将秧苗扯出、洗净、捆好，准备移栽。移栽就是去插秧，乡下叫莳田。几名妇女好奇地望了望新来的男女知青，逗趣地喊着："下来啰！快下田来扯秧哦！"水田劳动，只要不是夏季抢种抢收和犁田耙田，强度不会太大，田间气氛就会这般活跃。

那劳作的情景，仿佛如昨，而今却要别离，我心中顿生难舍之情。放缓脚步，我依依不舍地与农民打着招呼。当我挥别农友经过一口水井朝前走了二三十米，一位平时好幽默的小名叫财猫儿的青年吆喝着："小石，今后当了干部，要记得给傅家垴多减点公粮任务！"随后，传来财猫儿更大声的呼唤："小石，你听到了吗?！"

蓦地，我停下脚步，回头笑应，但心里有点迷茫，甚或还有几分不以为然。田边的马路，是通往公社粮点的送粮大道，也是回县城进省城的唯一公路。单纯的我，想到上学真的可以为农民减少公粮负担？读了书真的就可以核减公粮任务？那"皇粮国税"可是千百年来农民应尽的法定义务！我掂量着，财猫儿这话是说给我听，也是说给纯朴的乡亲们听的，他是要代表大家表达一种减负的愿望。要不，水田中怎么会传来阵阵附和声、赞许声。

入学后，还真有一门"粮油政策"课程，讲的是粮油购销之类的方针政策，任课者是位女老师，很有气质，"文革"前在省粮食厅从事过粮油供应业务，"文革"中从"五七"干校调到省粮校。她的课逻辑严谨，紧扣实际，生动有趣，特别是为何不能多买进口粮的三段论，我今天依然背得滚瓜烂熟。有过在乡下送粮的那段经历，惦记着田野中财猫儿的那声呐喊，我在课堂上格外留意"统购统销""农业税""征购""支农"这类名词。学了点皮毛的东西，懂得了国家不把粮食收购纳入计划就难以稳定地掌握粮源。1980 年早春，我毕业分配到湖南省隆回县粮食局农村购销股，干起了政策性的涉农涉粮业务，开启了人生新篇章。

隆回县是国家级贫困县，地势呈西北高东南低状分布，西北为雪峰山余脉，东南属典型丘陵山区。偏山区的乡村，以种植单季稻为主，称为中稻；偏丘陵区的乡村，以种植双季稻为主，即早稻和晚稻；县内还种有小麦、玉米和红薯、大豆、高粱、马铃薯、大麦、燕麦、绿豆、穄子、粟子等杂粮。当地粮食尤为早稻收获后，区公所、人民公社一般要及时组织基层干部发动社员向国家粮库交售粮食，俗称送"爱国粮"，而区粮站、公社粮点干部职工，会早早备妥收购现场，适时督促入库进度。

征粮是大事，当时甚至要惊动县委、县政府主要领导，要以县政府名义召开粮食收购工作电话会议。通过层层宣传、下乡催征，隆回有征购任务的生产队，一般会在粮食登场后，组织劳动力晒干扬净，送给国家。说是送粮，有时为及早完成征购任务，却估计不准晚稻和秋杂粮的丰歉局面，难免征"过头粮"。以统购统销的最后一年 1984 年为例，全县 93.23 万人，粮食产量 34.09 万吨，人均占有 366 公斤。但减去国家收购 5.12 万吨，人均占有 311 公斤。具体到某大队某生产队，由于耕地数量、自然灾害不同，口粮水平有高有低，故而当年国家又要向农村销售常年统销、因灾统返销粮 3864 吨（不包括奖售粮、民工补助粮、菜农和经济作物定销粮 9000 余吨）。而"大包干"前的 1978 年，全县仅产粮 29.47 万吨，人均占有 342 公斤，又购又销的问题更为突出。那时政策允许征购后再退购，甚至再返销。而是否向某地退与返，需人工核算、调研与甄别，借此，还可解决可能出现的"过头粮"问题。退购、返销业务被称为"安排社员生活"。这种在粮食收获后及时组织征购入库，同时安排好社员生活，把生产队该留下的粮食都留下来的做法，又被称为"及时收购，同时安排"。

隆回是邵阳地区人口最多的县。全县 11 个区（镇）、60 多个公社各有一名粮油管理员，担负着核算与甄别这项重要工作。每到年度末，我要负责全县相关情况的汇总。当时没有计算机，却有计算器。可运算加减法用珠算比计算器快，我就加班加点，挑灯夜战，夜以继日地拨拉着算盘，复核农村产粮、购粮、留粮情况，列出全县 9000 多个生产队的口粮水平，用蜡纸刻写后，再油印装订成册，分送领导同志以供安排粮食退购、返销时参考。

具体办法是，逐单位用当地粮食产量减去预留的种子粮、需用的饲料粮、已售的统购粮，减去后剩下的粮食再除以人口数，得出人均口粮。如果人均数达不到 200 公斤的生产队，得退回超过生产队实际负担能力所征购的那部分粮，即把已入国库的部分统购粮或全部统购粮退回生产队，退回后人均口粮仍达不到 200 公斤的队，则要酌情对其返销，即从国库中拿出粮食以平价卖给农民，以满足该队人均口粮不低于 200 公斤的水平，保证农民的基本生活用粮。其依据是 1979 年 9 月《中共中央关于加快农业发展若干问题的决定》，即"水稻地区口粮在四百斤以下的，杂粮地区口粮在 300 斤以下的，一律免购。绝对不许购过头粮"。20 世纪

80 年代，需退购、返销的地方越来越少，此乃农民生产积极性的体现、党和政府关怀的体现、社会主义制度优越性的体现。

当年好几个岁末，我特意翻看傅家垴各生产队的粮食报表时，财猫儿那瘦小的身影就会浮现在我的脑海，财猫儿那高亢的声音会叩击着我的心扉。如此牵挂，多年不断，既感特别亲切，又觉责任不小。通过抓生产、种好粮、多打粮，傅家垴的人均口粮远超 200 公斤，无须退购，更无须返销。为此，我怎能提出核减的意见？

不过，需退购、需统销的乡村未必是件好事！何况，那时全社会粮食供求比较紧张，国家需要掌握大量的粮食去保障军需民食，去平衡口粮余缺，就是农村，20 世纪 80 年代初真正缺粮的生产队亦不在少数。像我当年那样，傅家垴丰收后多由男劳动力挑着百余斤的稻谷或小麦，从山上、从谷仓吱呀吱呀地送到粮站，然后是排队验质，挑粮入仓，演绎着冒酷暑送公粮的繁忙图景。

像傅家垴一般，农民喜送爱国粮是村野的一道景观，与歌曲与戏剧中描绘的情形几乎毫无二致。但还有些人均四五百斤口粮水平的地方，又处于肉食、蔬果匮乏的背景下，农民能踊跃送售爱国粮，真是勒紧裤腰带做贡献！作为过来人，我们应该记住农民，感恩农民。而实际上，农村也发生过因多种原因拖欠甚至拒交公粮的现象。

1983 年底，我提任湖南省邵阳地区粮油购销公司副经理。1986 年地市合并后，我担任邵阳市农村粮油购销公司副经理。地改市、公司名前加上"农村"，只是一字一词的变化，但干部走向农村、接触农民的机会更多了。加之邵阳农村人口居全省各市州之首，面向农村、服务农民的任务也就更重。当时的公司是一种行政性公司，履行着行政管理的职责。有一次，我带领 3 名同志到邵阳县长阳铺乡高巩桥村蹲点催粮。所谓"蹲点催粮"，就是某地农民拖延或抵制交售征购粮，需派人驻点督促、催缴的一项工作。那时，农村普遍实行家庭联产承包责任制，不再以大队或生产队为单位组织卖粮。由于该村距城区不远，处在城乡接合部，一度管理上存在欠缺，治安状况不怎么好，加上化肥供应紧张，农民颇有怨言，其送粮进度在全乡 18 个村中排在最后一名。进驻高巩桥村之后，我们对没有完成粮食定购任务的农户，逐户上门细致地做工作，对无劳动力农户或售粮主动性不强的农户，我们助其从家中或晒场将粮食打包后肩挑或背扛到公路旁，再组织车辆就近送到粮点。渴了，喝碗农家井水；饿了，与农民一同吃饭。如此一天下来，加之酷热难耐，常常是大汗淋漓，精疲力竭。尽管如此，不到 30 岁的我总觉得身上有使不完的力量。

在高巩桥村，有个细节让我终生难忘。一天，我们走进一户欠缴公粮的农家，但见土砖砌成的并不宽敞的堂屋里，一对 70 多岁的高龄夫妻，竟然一人爬进一个一米高、一米宽的正方体木质粮仓。老两口是这家的主人，那板着脸的样子，不亚于满脸怒气的人，他俩端坐在稻谷堆上，瞅了瞅工作组同志的陌生面孔，瞄了瞄陪同进来的村干部，表露出一种本能的阻挡态势，生怕我们入仓撮粮。彼时，双方的气氛可谓紧张。揣度着老人的心情，为不激发矛盾，避免可能发生的意外，我耐心地向老人家讲解粮食收购政策后，和同行扶着他们跨出粮仓，便暂时回避，冷静一下，拟改日请其亲人帮着开导。

当年收粮难度，因此可见一斑。后经 17 天的努力，同时赶上政府对刑事犯罪分子的有力打击，该村送粮进度一跃为全乡第 5 名，两位长者也总算愉快地送交了公粮。随后，我把村上农民负担较重、买不到平价化肥等困难，如实向上级做了汇报。

细细一想，我这 40 多年的从粮生涯，的确在做着为农民减负增收、为粮食安全服务的事情。财猫儿的那声高呼，是农民期盼更多粮食支配权的强烈反映，是农民期冀过上好日子的朴素诉求，而至今刻在我脑子里那老夫老妻一度近乎正襟危坐的不依不饶的"抗粮"神态，又何尝不是如此？千百年来，农民面朝黄土背朝天，一年年辛苦下来，不只为口粮，他们渴望拥有更多的富余粮食，可以用来煮酒熬糖、庆生贺寿、喂鸡喂鸭、备灾备荒，他们希望一年中得到尽可能多的粮食，享受那不仅仅是填饱肚子的富足生活。

农民甚至还希望以较高的价格出售余粮。在隆回，粮食部门 1978 年就向生产队议价收购稻谷。1979 年开放农村粮食市场，全县在区、镇所在地和集中墟场建立粮食交易所 16 处。按照政策，1981 年全县调整粮食征购基数，共减少征购粮任务 2600 吨，同时把一部分征购任务调整为超购任务，超购价格高出征购价格一半。由征购基数和超购任务组成的粮食征购计划，都是必须完成的硬任务。因而，无论是超购还是议购，傅家垴的村民自然受益其中。

好在推行包干到户，换来了处处稻浪飘香、麦浪滚滚的丰产景象。像全国粮食主产区一样，隆回的主产乡也有过"卖粮难"现象。党中央、国务院顺乎民意，决定从 1985 年起取消粮食统购并实行合同定购，还按保护价敞开收购农民余粮，2006 年又在全国范围全面取消农业税。这农业税，是国家对从事农业生产、有农业收入的单位和个人征收的一种税，俗称"公粮"。取消公粮任务，农民种地再也不要通过上交粮食这一实物来完成农业税，他们思想上得到一种释放，经济上得到一种解放，可以从容地更多地生产口感好、卖价高的优质稻。

荣获省优质生态稻谷生产基地县的隆回，既注重在 20 世纪末大力发展优质水稻，到 2005 年优质稻扩大到水稻面积的 65%，又注重提高单产，在羊古坳乡雷锋村、牛形嘴村，实施两个百亩片 16 吨/公顷超级稻高产攻关，连续多年在同一区域实现亩产突破 1000 公斤大关。2018 年，全县总人口 129.2 万人，比 1978 年增加 43 万多人；粮食产量 47.97 万吨，比 1978 年增加 18.5 万吨，增加 62.8%，人均占有量增加 29 公斤，如果考虑 2018 年常住人口为 115.81 万人的因素，人均占有增加 72 公斤。农村收获粮食的量和质的显著变化，为 21 世纪以来的托市收购和市场化收购奠定了良好基础。

后来，我多次回过、路过挥洒了青春汗水的傅家垴村。那里，除了种粮，也种经济作物，也有农民外出打工，村里还建起了活动场、文化室。我那记忆深处的傅家垴村、高巩桥村，那可敬可爱的父老乡亲、农民兄弟，早就不再为完不成公粮而发愁。相反，随着社会的进步，都是经纪人带车进村入户收购粮食，农民考虑的是如何把粮食卖个好价钱，更多的是寻思如何融入对美好生活的向往。而一些农民卖了自产稻谷，也和城里人一样，在市面上或掏钱或刷卡买一两袋符合食品安全标准的小包装大米。

历史如烟而过。不再为征粮忧愁是财猫儿们的欣慰，不再为征粮牵挂是我辈的欣然。

中美贸易粮食多么重要

田余味

2019 年 3 月 5 日，美国国务院官网发布了国务卿蓬佩奥近日接受媒体采访的实录。蓬佩奥表示：目前美中经贸谈判进展不错。但是，他强调，美中两国达成的任何经贸协议必须保护美国人民尤其是美国农民的利益，否则，美国可能放弃与中国达成协议。在这之前，中美第七轮磋商阶段，美国农业部部长珀杜在推特上透露，中国承诺再购买 1000 万吨美国大豆。特朗普当即转发，由大豆领衔的中美农产品贸易由此备受关注。

粮食，在中美贸易中真的这么重要？

既然美国那么在意，那么，中国加大从美国的粮食进口是否就是妥协和让步？中国不也是农业大国吗，我们自己加把劲，把粮食产量搞上去行不行？下面我们逐条来分析。

一、自己种划算，还是买更划算

说到从美国进口粮食，很多人的第一反应是：咦，我们自己不就是农业大国吗？怎么反而要从工业大国进口粮食？没错，我国的农业总产量是高，但是一到人均，就远远算不上多了，这一点很好理解。

从美国进口粮食有什么道理呢？

首先，从自然条件来看，美国的纬度跟中国差不多，耕地总面积 23.66 亿亩（美国国家农业统计局 2012 年统计数据）。中国耕地总面积

20.24 亿亩（自然资源部《2016 年度全国土地变更调查主要数据结果》）。再考虑到两国的人口和机械化程度，美国的农业可以说先天占优。

其次，从生产效率来看，根据美国农业部经济研究中心数据，《中美两国主要农产品成本比较（2014 年）》等报告指出，受土壤、种子、技术等方面影响，美国玉米、大豆平均单产分别是我国的 1.42 倍、1.49 倍，而我国的小麦亩产是美国的 2.59 倍。此外，我国粮食种植总成本明显高于美国，主要体现在人工成本和土地成本。

很明显，我们自己种大豆种玉米，成本高，单产低，不是我们的强项，而美国却恰好相反。这也正是国际贸易之所以能够实现的基础，国与国之间的比较优势。从美国买大豆买玉米，看起来花了钱，实际上比自己种更省钱。

二、我们自身的需求在不断增长

根据农业农村部和海关总署公布数据，2017 年，中国大豆进口 9553 万吨，其中从美国进口 3258 万吨，从巴西进口 5093 万吨。2018 年，中国大豆进口 8803.1 万吨（自 2012 年以来首次出现减少），同比减少 7.9%。其中，从美国进口 1664 万吨，同比下降 49.4%，占 18.9%；从巴西进口 6608.2 万吨，同比增长 29.8%，占 75.1%。

这些数据说明什么？一是中国大豆的需求在逐年增长，只有 2018 年是个例外。二是中国大豆进口量非常庞大，有外媒评价中国正在成为全球大豆进口市场史无前例的"亿吨之国"。三是中国大豆消费是刚需，不从美国进口，也要从其他国家进口。

为什么中国需要这么多大豆？中国的植物油消费早就不再是计划经济时代的按人头定量供应，再加上猛增的肉蛋奶类消费，养殖业对于饲料的需求突飞猛进，进口大豆提供的豆油、豆粕自然越来越不可或缺。

三、坚守谷物基本自给的战略底线需要

基辛格有一个广为人知的论点："谁控制了石油，谁就控制了所有国家；谁控制了粮食，谁就控制了人类；谁掌握了货币发行权，谁就掌握了世界。"粮食，对于一个国家来说，始终都具有战略地位。

根据国家统计局数据，从 2018 年我国粮食产量情况来看，豆类单位面积产量 1882 公斤/公顷，作为主粮的稻谷、小麦则是 7027 公斤/公顷、5416 公斤/公顷，分别是豆类的 3.73 倍、2.88 倍。也就是说，如果中国选择自主大规模种植大豆这种单位面积产量较低的作物，比如，种 1 亿吨大豆，就相当于要挤占 3.7 亿吨稻谷或 2.8 吨小麦的耕地面积。而 2018 年，我国的粮食总产量不过 6.58 亿吨，其中谷物产量 6.10 亿吨，大豆这一占，粮食肯定不够吃了。

为了坚守谷物基本自给的战略底线，通过进口，满足包括大豆、玉米之类的粮食需求显然是最理性的选择。

四、发达的美国农业

得益于优越的自然地理条件，大型农场经营和机械化，美国是世界上最大的农业发达国家。虽然农业人口仅占总人口的 2%，但是，其粮食总产量约占世界总产量的 1/5，玉米、大豆、小麦产量分别位居世界第一、第一、第三（仅次于中国和印度，据驻美国使馆经商参处公开信息），其中玉米和大豆产量全球占比超过 1/3。作为世界上最大的农产品出口国，2018 年，美国农产品出口总额超过 1440 亿美元。

农业，对于美国来说，不仅意味着不容小觑的经济价值，更具有全球粮食市场话语权的特殊作用。正如蓬佩奥在采访中强调的"不断发展的农业经济有利于维护美国国家安全"。

五、重要的中国市场

2017 年度（财政），美国对于中国农产品出口收入达到 220 亿美元，中国成为美国农产品头号出口市场，出口量最多的依次是大豆、谷物（如玉米）、皮革、猪肉及猪肉制品、棉花等。特别值得一提的是，美国大豆出口总量约六成都到了中国，这也是为什么中国在中美交锋阶段，能用大豆作为反制工具的重要原因。

反制效果显而易见。美国农业部报告，截至 2018 年 12 月 1 日，美国大豆库存达到 37.36 亿蒲式耳，创下纪录新高，出口量远远低于一年前同期。与此同时，正如路透社所说：在过去一年间，巴西、阿根廷、埃塞俄比亚、俄罗斯等大豆出口国的农民都感受到了中国市场的价值所在，"中国买家的选择是多样的"。除了票仓价值，现在，对于美国 10 个大豆生意受影响的农业州来说，更迫在眉睫的是：种植季已经来临，农民该种什么？

只有通过与中国达成一致，恢复中国市场，美国农民才能得到清晰的答案，毫无疑问，这也是美国政府的诉求。

六、毫不违和的农产品贸易

实事求是地说，只要保护好我们国内的谷物生产，扩大美国农产品进口理性且有利：可以更好地满足中国老百姓食品消费结构升级的需求，可以为农业提质增效提供更多时间空间。简单地将美国有好处就等同于我们吃亏，其实也是一种不自信的表现。

在农产品生意上实现互利共赢，不仅能给美国发布"谈判取得成功"的推特加点料，也是最符合两国人民实际需求的点，是中美做生意"最大公约数"的体现。何乐而不为？

（摘编微信公众号"甜甜余味"2019 年 3 月 7 日《中美做生意，农产品有多重要？》一文，标题为编辑修改）

改革开放 40 年 20 个 "三农" 中央一号文件

文字整理 施 维 张凤云

1949 年 10 月 1 日,新中国成立。从此,中国人民站起来了。

从 1978 年到 2018 年,中国经济快速发展,农业改革为经济发展提供了强大支撑,国内生产总值 (GDP) 世界排名从 1978 年的第 15 名上升到 2018 年的第 2 名。在这 40 年中,中国人民富起来了。

现在,中国人民强起来了。

中国是世界农业大国,农业是国民经济基础。农村、农业、农民 (简称三农) 问题关系到社会稳定、国家富强、民族复兴,研究"三农"问题目的是要解决农民增收、农业发展、农村稳定。这里,我们通过 20 个 "三农" 中央一号文件,回顾中国农业改革开放 40 年来的发展历程。

一、1982 年正式承认包产到户合法性

1982 年 1 月 1 日,中共中央批转 1981 年 12 月的《全国农村工作会议纪要》,这也是我们通常所说的改革开放后第一个中央一号文件,其主要内容就是肯定多种形式的责任制,特别是包干到户、包产到户。

一号文件提出,包产到户、到组,包干到户、到组,都是社会主义集体经济的生产责任制,明确"它不同于合作化以前的小私有的个体经济,而是社会主义农业经济的组成部分"。并第一次以中央的名义取消了

包产到户的禁区，且宣布长期不变。一号文件的另一要点是，强调尊重群众的选择，不同地区，不同条件，允许群众自由选择。

一号文件还提出，疏通流通领域，把统购统销纳入改革的议程，有步骤地进行价格体系的改革。

二、1983 年放活农村工商业

1983 年 1 月 2 日，中共中央印发《当前农村经济政策的若干问题》。从理论上说明了家庭联产承包责任制"是在党的领导下中国农民的伟大创造，是马克思主义农业合作化理论在我国实践中的新发展"。提出了"两个转化"，即促进农业从自给半自给经济向较大规模的商品生产转化，从传统农业向现代农业转化。

该文件提出，我国农村应走农林牧副渔全面发展、农工商综合经营的道路；适应商品生产的需要，发展多种多样的合作经济，合作经济的生产资料公有化程度，按劳分配方式以及合作的内容和形式，可以有所不同；要坚持计划经济为主，市场调节为辅的方针，调整购销政策，改革国营商业体制，放手发展合作商业，适当发展个体商业。并强调，稳定和完善农业生产责任制，仍然是当时农村工作的主要任务。

三、1984 年发展农村商品生产

如果说前两个"一号文件"着力解决农业和农村工商业微观经营主体问题，那么，此后的"一号文件"则要解决发育市场机制的问题。此前 20 多年，农村实行统购派购制度，农村产品交易均由公营商业高度垄断，而资金、土地、劳动力流动又受到多重限制。农村经济迫切要求放松历史上多年形成的政府垄断、管制，及其他阻碍农民进入市场的规定，以利于发展商品生产，摆脱穷困。

针对这些情况和基层诉求，1984 年确立农村工作的重点是：在稳定和完善生产责任制的基础上，提高生产力水平，疏理流通渠道，发展商品生产。《关于 1984 年农村工作的通知》中提出，延长土地承包期，土地承包期一般应在十五年以上；允许有偿转让土地使用权；鼓励农民向各种企业投资入股；继续减少统派购的品种和数量；允许务工、经商、办服务业的农民自理口粮到集镇落户。

四、1985 年取消统购统销

农产品统购派购制度，过去曾起了保证供给、支持建设的积极作用，但随着生产的发展，它的弊端就日益表现出来。因此，在打破集体经济中的 "大锅饭" 之后，还必须进一步改革农村经济管理体制，在国家计划指导下，扩大市场调节，进一步把农村经济搞活。

1985 年《关于进一步活跃农村经济的十项政策》明确提出，"从今年起，除个别品种外，国家不再向农民下达农产品统购派购任务，按照不同情况，分别实行合同定购和市场收购"。至此，30 年来的农副产品统购统销制度被取消。

五、1986 年增加农业投入和调整工农城乡关系

我国农村在实行了联产承包责任制之后，1985 年又在改革农产品统购派购制度、调整产业结构方面迈出了重大的一步，成效十分显著。但由于未能及时调整工农、城乡的利益分配关系，农业生产中出现了一些问题。对此，1985 年底的农村工作部署，强调 "摆正农业在国民经济中的地位"。会议形成的 1986 年中央一号文件即《关于 1986 年农村工作的部署》。

文件明确指出：我国是十亿人口、八亿农民的大国，绝不能由于农

业情况有了好转就放松农业，也不能因为农业基础建设周期长、见效慢而忽视对农业的投资，更不能因为农业占国民经济产值的比重逐步下降而否定农业的基础地位。

六、2004 年促进农民增加收入

2003 年 12 月 31 日，《中共中央　国务院关于促进农民增加收入若干政策的意见》出台，并于 2004 年 2 月 9 日公布。时隔 18 年之后中央就"三农"问题再次下发一号文件。

当时农业农村发展的一个突出问题是，农民增收困难。城乡居民收入差距由 20 世纪 80 年代的 1.8:1 扩大到了 2018 年的 3.1:1。农民增收困难不仅制约了农村经济发展，也影响了整个国民经济的增长。不仅是重大的经济问题，而且是重大的政治问题。

文件提出，要"坚持'多予、少取、放活'的方针，调整农业结构，扩大农民就业，加快科技进步，深化农村改革，增加农业投入，强化对农业支持保护，力争实现农民收入较快增长，尽快扭转城乡居民收入差距不断扩大的趋势"。文件提出了一系列含金量高、指向明确的实实在在的政策措施。

七、2005 年提高农业综合生产能力

2004 年中央一号文件下发后，各地区各部门认真贯彻落实中央决策，有效保护和调动了农民积极性，农村呈现出良好的发展局面。但农业依然是国民经济发展的薄弱环节，投入不足、基础脆弱的状况并没有改变，粮食增产、农民增收的长效机制并没有建立，保持农村发展好势头的任务非常艰巨。

加强农业基础，繁荣农村经济，必须继续采取综合措施。2005 年 2

月,《中共中央 国务院关于进一步加强农村工作提高农业综合生产能力若干政策的意见》指出,当前和今后一个时期,要把加强农业基础设施建设,加快农业科技进步,提高农业综合生产能力,作为一项重大而紧迫的战略任务,切实抓紧抓好。并强调,要"以严格保护耕地为基础,以加强农田水利建设为重点,以推进科技进步为支撑,以健全服务体系为保障,力争经过几年的努力,使农业的物质技术条件明显改善,土地产出率和劳动生产率明显提高,农业综合效益和竞争力明显增强"。

八、2006 年社会主义新农村建设

2005 年 10 月,党的十六届五中全会通过的《中共中央关于制定国民经济和社会发展第十一个五年规划的建议》,提出了建设社会主义新农村的重大历史任务。

2006 年 2 月 21 日,《中共中央 国务院关于推进社会主义新农村建设的若干意见》指出,建设社会主义新农村是中国现代化进程中的重大历史任务。农村人口多是中国的国情,只有发展好农村经济,建设好农民的家园,让农民过上宽裕的生活,才能保障全体人民共享经济社会发展成果,才能不断扩大内需和促进国民经济持续发展。

文件强调,必须坚持以发展农村经济为中心,进一步解放和发展农村生产力;坚持"多予少取放活"的方针,重点在"多予"上下功夫,要动员各方面力量广泛参与。

九、2007 年积极发展现代农业

2007 年 1 月 29 日,《中共中央 国务院关于积极发展现代农业扎实推进社会主义新农村建设的若干意见》明确指出,社会主义新农村建设要把建设现代农业放在首位。

社会主义新农村建设得到了基层的热烈反响。但是，在实践中也存在一些偏差。强调新农村建设要把发展现代农业放在首位，有利于各地认真贯彻党的十六届五中全会提出的精神，把社会主义新农村建设扎实、健康地向前推进。

文件提出，要用现代物质条件装备农业，用现代科学技术改造农业，用现代产业体系提升农业，用现代经营形式推进农业，用现代发展理念引领农业，用培养新型农民发展农业，提高农业水利化、机械化和信息化水平，提高土地产出率、资源利用率和农业劳动生产率，提高农业素质、效益和竞争力。

十、2008 年加强农业基础建设和加大"三农"投入

2007 年召开的党的十七大明确提出"要加强农业基础地位，走中国特色农业现代化道路，建立以工促农、以城带乡长效机制，形成城乡经济社会发展一体化新格局"。

2008 年 1 月 30 日，《中共中央　国务院关于切实加强农业基础建设进一步促进农业发展农民增收的若干意见》的主题，既贯彻了党的十七大精神，又深化了 2007 年中央一号文件关于把发展现代农业作为新农村建设首要任务的要求，抓住了保持经济稳定和促进农业发展的关键环节，亦可统筹兼顾农村各方面的工作。

全文涉及的政策性要求和措施有 40 多处，其中让农业和农民直接受惠的可以概括为"三个明显""三个调整""四个增加""四个提高"和"两个大幅度"。体现了中央关于给农民的实惠要逐步增加，随着国家财力的增长对"三农"的支持力度要进一步加大的要求。

十一、2009 年促进农业稳定发展农民持续增收

2009 年初,《中共中央　国务院关于 2009 年促进农业稳定发展农民持续增收的若干意见》呈现四大新亮点。一是农民种粮支持力度再度加大。包括加大对农业的基础设施和科技服务方面的投入,加大对农业的各项直接补贴等。二是加大力度解决农民工就业问题。城乡基础设施建设和新增公益性就业岗位,要尽量多使用农民工;采取以工代赈等方式引导农民参与农业农村基础设施建设。三是农村民生建设重点投向农村电网建设、乡村道路建设、农村饮水安全工程建设、农村沼气建设、农村危房改造五个领域。四是农地流转强调进一步规范。

对于党的十七届三中全会提出的毫不动摇地坚持农村基本经营制度方面,2009 年中央一号文件首先强调要落实和保障农民的土地权益,重点做好两方面工作:对集体所有土地的所有权进一步界定清楚,并且保障其权益;对承包地地块的确权、登记和颁证工作。

十二、2010 年在统筹城乡发展中加大强农惠农力度

2010 年初,《中共中央　国务院关于加大统筹城乡发展力度进一步夯实农业农村发展基础的若干意见》指出,在保持政策连续性、稳定性的基础上,进一步完善、强化"三农"工作的好政策,提出了一系列新的重大原则和措施,包括健全强农惠农政策体系,推动资源要素向农村配置;提高现代农业装备水平,促进农业发展方式转变;加快改善农村民生,缩小城乡公共事业发展差距;协调推进城乡改革,增强农业农村发展活力;加强农村基层组织建设,巩固党在农村的执政基础等。

文件特别强调了推进城镇化发展的制度创新。提出积极稳妥推进城镇化,提高城镇规划水平和发展质量,要把加强中小城市和小城镇发展

作为重点。深化户籍制度改革,加快落实放宽中小城市、小城镇特别是县城和中心镇落户条件的政策,促进符合条件的农业转移人口在城镇落户并享有与当地城镇居民同等的权益。

十三、2011 年加快水利改革发展

2010 年,我国农业农村发展的形势相当好。粮食产量创历史最高水平,农民人均纯收入历史上增加额度最大。但是农业农村形势也面临着一些严峻挑战,其中一个就是农业的水利设施明显不能适应农业稳定发展、经济平稳较快发展的需要。所以,中共中央国务院把 2011 年一号文件的主题定为加快水利改革发展。1 月 29 日,《中共中央 国务院关于加快水利改革发展的决定》发布,这是新中国成立 62 年来中央文件首次对水利工作进行全面部署。

文件提出要把水利工作摆在党和国家事业发展更加突出的位置,着力加快农田水利建设,推动水利实现跨越式发展。提出力争通过 5 年到 10 年努力,从根本上扭转水利建设明显滞后的局面。

十四、2012 年加快推进农业科技创新

2012 年 2 月,《中共中央 国务院关于加快推进农业科技创新持续增强农产品供给保障能力的若干意见》突出强调部署农业科技创新,把推进农业科技创新作为"三农"工作的重点。

以中央一号文件的形式统一全党意志大力推进农业科技改革发展,在我国的农业发展历程中是首次,在科技发展进程中也是首次,有许多创新之处。其中最受广大农业科研和农技推广人员欢迎的政策亮点有两个:一个是关于农业科技公共性、基础性、社会性的"三性"论述,这一论述给广大农业科技人员吃下了定心丸。另一个就是关于基层农技推

广体系改革与建设 "一个衔接、两个覆盖" 的政策，即乡镇农技人员工资待遇要与当地事业单位的平均收入相衔接，当年基层农技推广体系改革与建设示范县项目基本覆盖所有农业县，农业技术推广机构条件建设项目覆盖全部乡镇。

十五、2013 年进一步增强农村发展活力

2012 年 11 月 8 日，党的十八大召开。两个月后的 2013 年 1 月 31 日，21 世纪以来连续第十年聚焦 "三农" 的中央一号文件《中共中央　国务院关于加快发展现代农业进一步增强农村发展活力的若干意见》发布。

伴随着工业化、城镇化深入推进，我国农业农村发展正在进入新的阶段，呈现出农业综合生产成本上升、农产品供求结构性矛盾突出、农村社会结构加速转型、城乡发展加快融合的态势。文件对 "加快发展现代农业、进一步增强农村发展活力" 作出全面部署，要求必须顺应阶段变化，遵循发展规律，增强忧患意识，举全党全国之力持之以恒强化农业、惠及农村、富裕农民。按照保供增收惠民生、改革创新添活力的工作目标，加大农村改革力度、政策扶持力度、科技驱动力度。

十六、2014 年全面深化农村改革

2013 年，我国农业农村发展持续向好、稳中有进。这时我国经济社会发展正处在转型期，农村改革发展面临的环境更加复杂、困难挑战增多。必须进一步解放思想，稳中求进，改革创新。

2014 年 1 月，《中共中央　国务院关于全面深化农村改革加快推进农业现代化的若干意见》指出，全面深化农村改革，要坚持社会主义市场经济改革方向，处理好政府和市场的关系，激发农村经济社会活力；要鼓励探索创新，在明确底线的前提下，支持地方先行先试，尊重农民群

众实践创造；要因地制宜、循序渐进，不搞"一刀切"、不追求一步到位，允许采取差异性、过渡性的制度和政策安排；要城乡统筹联动，赋予农民更多财产权利，推进城乡要素平等交换和公共资源均衡配置，让农民平等参与现代化进程、共同分享现代化成果。

十七、2015 年主动适应经济发展新常态

2015 年初，《中共中央 国务院关于加大改革创新力度加快农业现代化建设的若干意见》指出，当前我国经济发展进入新常态，正从高速增长转向中高速增长，如何在经济增速放缓背景下继续强化农业基础地位、促进农民持续增收，是必须破解的一个重大课题。

该文件深入分析了当前我国农业面临的矛盾和问题，说明了依靠拼资源、拼消耗的传统农业发展方式已难以为继。要主动适应经济发展新常态，按照稳粮增收、提质增效、创新驱动的总要求，继续全面深化农村改革，全面推进农村法治建设，推动新型工业化、信息化、城镇化和农业现代化同步发展，努力在提高粮食生产能力上挖掘新潜力，在优化农业结构上开辟新途径，在转变农业发展方式上寻求新突破，在促进农民增收上获得新成效，在建设新农村上迈出新步伐，为经济社会持续健康发展提供有力支撑。

十八、2016 年用发展新理念破解"三农"新难题

2016 年 1 月，《中共中央 国务院关于落实发展新理念加快农业现代化实现全面小康目标的若干意见》要求各地区各部门要牢固树立和深入贯彻落实创新、协调、绿色、开放、共享的发展理念，大力推进农业现代化，确保亿万农民与全国人民一道迈入全面小康社会。

该文件提出，用发展新理念破解"三农"新难题，厚植农业农村发

展优势，加大创新驱动力度，推进农业供给侧结构性改革，加快转变农业发展方式，保持农业稳定发展和农民持续增收。

十九、2017 年深入推进农业供给侧结构性改革

2017 年 2 月，《中共中央　国务院关于深入推进农业供给侧结构性改革加快培育农业农村发展新动能的若干意见》指出，要把深入推进农业供给侧结构性改革作为当前和今后一个时期"三农"工作的主线。

经过多年努力，我国农业农村发展已进入新的历史阶段。农业的主要矛盾由总量不足转变为结构性矛盾，突出表现为阶段性供过于求和供给不足并存，矛盾的主要方面在供给侧。迫切要求深入推进农业供给侧结构性改革，加快培育农业农村发展新动能。

该文件指出，推进农业供给侧结构性改革，要在确保国家粮食安全的基础上，紧紧围绕市场需求变化，以增加农民收入、保障有效供给为主要目标，以提高农业供给质量为主攻方向，以体制改革和机制创新为根本途径。并强调，农业供给侧结构性改革是一个长期过程，必须直面困难和挑战，尽力降低改革成本，积极防范改革风险。

二十、2018 年对乡村振兴进行战略部署

党的十九大提出，实施乡村振兴战略。2018 年 2 月，《中共中央　国务院关于实施乡村振兴战略的意见》围绕实施好乡村振兴战略，谋划了一系列重大举措，确立起了乡村振兴战略的"四梁八柱"，是实施乡村振兴战略的顶层设计。

该文件有两个重要特点：一是管全面。文件按照党的十九大提出的关于乡村振兴的 20 个字五个方面的总要求，对统筹推进农村经济、政治、文化、社会、生态文明和党的建设作出了全面部署。二是管长远。

文件按照党的十九大提出的决胜全面建成小康社会、分两个阶段实现第二个百年奋斗目标的战略安排,按照"远粗近细"的原则,对实施乡村振兴战略的 3 个阶段性目标任务作了部署。

该文件提出,"推进粮食安全保障立法"。这是新中国成立 69 年来首次将粮食立法写进中央文件。

新中国粮食流通体制时期的划分

肖春阳　中国粮食经济学会

　　粮食是国民经济发展的基础。如何划分新中国粮食流通体制时期是粮食经济学的一个理论问题，认真研究粮食流通体制时期的划分具有重要的理论与实践意义。本文以中共中央、国务院历年文件为依据，采用国家粮食行政管理部门、国家统计局对外公布数据，参考赵发生《当代中国的粮食工作》、中国粮食经济学会《改革开放以来粮食工作史料汇编》、国家粮食和物资储备局《国家粮食和物资储备改革发展理论与实践》等书籍写成。

　　新中国成立 70 年来，粮食流通体制逐步实现了从社会主义计划经济向社会主义市场经济转轨。一般分为粮食自由购销、粮食统购统销、粮食合同定购平价销售与议购议销、粮食市场购销四个时期。

一、粮食自由购销时期（1949 年 10 月至 1953 年 10 月）

（一）背景

　　新中国成立初期，由于长期遭受战争破坏，粮食生产一时难以恢复和发展。1949 年，全国粮食总产量 2264 亿斤，与旧中国历史上最高的 1936 年 3000 亿斤相比，减少了 736 亿斤，减幅 24.5%。全国人口总数 5.4 亿人，人均粮食产量 418 斤。粮食供应十分紧张、粮食市场价格剧烈波动。

面对这样严峻的粮食形势，中共中央、政务院领导全国人民采取积极措施，实行粮食自由贸易，保证了粮食的军需民用，1952 年胜利完成了恢复国民经济的任务。

（二）主要内容

1. 进行了土地改革、减租减息，开展农业互助合作社，大规模兴修水利等，恢复和发展粮食生产。

2. 打击投机活动，制止粮价波动，稳定粮食市场。国家掌握粮源主要依靠从农村征收公粮。

3. 全国财政经济工作统一后，粮价基本稳定。1950 年 3 月 3 日，政务院发布《关于统一国家财政经济工作的决定》（以下简称《决定》），主要内容是统一国家财政收支，统一全国物资调度，统一全国现金管理。加强公粮的统一管理和调度，统一全国的粮食贸易工作，统一全国粮食调拨。

4. 设立财政部粮食管理总局。1950 年，按照《决定》精神，加强国家粮食机构和队伍建设，实行集中统一领导。中央人民政府贸易部所属的中国粮食公司于 1950 年 3 月 1 日成立，中央人民政府财政部所属的粮食管理总局于 1950 年 10 月 1 日成立，统一领导全国粮食经营机构、粮食管理机构。

5. 设立粮食部。1952 年 8 月 7 日，中央人民政府委员会第十七次会议决议，将贸易部的中国粮食公司和财政部的粮食管理总局合并，成立粮食部，统一管理粮食收购、加工、储运、销售工作。1952 年 9 月 1 日，在合并中国粮食公司、财政部粮食管理总局基础上，成立了中央人民政府粮食部。截至 1952 年底，全国粮食部门干部职工总数 219900 人，其中行政 65900 人，占 30.0%；企业 154000 人，占 70.0%。

6. 巩固和加强国营粮食商业领导地位。在多种经济成分并存条件下，国营粮食商业主要以经济手段、辅以行政手段组织粮食购销，逐步取得了粮食市场的领导地位。据估算，国营粮食、商业粮食收购量占全社会公私收购总量比重，1950 年占 23.0%，1952 年占 73.0%左右。国营粮食、商业粮食销售量占全社会公私销售总量比重，1950 年占 20.0%左右，1952 年占 51.0%左右。

7. 对私营粮食商业采取利用、限制、改造政策。针对私营粮食商业的两重作用，利用它们有利于国计民生的积极作用，可以合法经营；限制它们不利于国计民生的消极作用，打击不法粮商的投机破坏活动。

8. 支援抗美援朝战争，保证各项用粮供应。1950 年 10 月，抗美援朝战争开始后，11 月，召开的第二次全国财政经济工作会议确定了 1951 年财政经济方针，国防第一，稳定物价第二，其他第三。粮食部门积极努力，1951~1952 年，保证了前线的军粮供应，稳定了后方的粮食市场。

这一时期，全国粮食产量逐年增长。1950 年为 2643 亿斤，1951 年为 2874 亿斤，1952 年为 3278 亿斤。1952 年，总人口 5.7 亿人，人均粮食产量为 570 斤。

二、粮食统购统销时期（1953 年 10 月至 1985 年 1 月）

（一）背景

国家从 1953 年开始进行大规模经济建设，对商品粮的需求与日俱增。

虽然 1950~1952 年粮食产量连年增产，增产的粮食大部分被农民改善生活，用于自身消费和储备，属于自给性生产。但是，粮食产量、粮食商品粮数量一时难以与之匹配。一方面，国家需要的商品粮不升反降，全国粮食上市与征收的数量占粮食总产量的比重，1951 年占 28.2%，1952 年占 25.7%。另一方面，社会对商品粮需求急剧增加。首先，城镇人口数量大幅增加，1953 年为 7826 万人，比 1949 年增加 2061 万人。城镇人口的增长，主要来源于农村，过去粮食是生产自给，进城后需要国家供应商品粮。其次，随着国家经济建设发展，经济作物区逐步扩大，经济作物种植区农民、其他缺粮农民有近 1 亿人，也需要国家供应商品粮。最后，一些粮食投机商趁机深入农村抢购粮食，与国家争夺商品粮源，谋取私利。这样，国家粮食收购计划不能完成，销售计划大大突破，加剧了粮食供求矛盾。

在这紧要关头，中共中央、政务院权衡利弊，决定实行粮食统购统销。1953 年 10 月 16 日，中共中央作出《关于实行粮食的计划收购与计划供应的决议》。11 月 23 日，政务院颁布《关于实行粮食的计划收购与计划供应的命令》。全国除西藏和台湾外，各地从 12 月初开始贯彻执行。这是一项重大变革，既是重要的政治任务，又是复杂的经济工作。人们把统购统销看成是新中国成立初期在经济领域继财政经济全国大统一后的又一次大战役，称之为第二次大战役。

（二）主要内容

粮食统购统销，包括：

1. 对农村余粮户实行粮食计划收购，简称统购。余粮户，是指留足全家口粮、种子、饲料和缴纳农业税外，还有多余粮食。统购一般占余粮户余粮的 80%~90%。

2. 对城市人民和农村缺粮人民实行粮食计划供应，简称统销。第一，在城市，对机关、团体、学校、企业等的人员，可通过其组织，进行供应。对一般市民，可发给购粮证，凭证购买，或凭户口本购买。第二，在集镇，经济作物区、灾区及一般农村，使真正的缺粮户能够买到所需要的粮食。第三，对于熟食业、食品工业等所需粮食，旅店、火车、轮船等供应旅客膳食用粮，及其他工业用粮，应参照过去一定时期的平均需要量，定额给予供应。照此，国家保证供应粮食的近 2 亿人，占全国 1953 年人口总数 5.9 亿人的 34.0%。

3. 实行国家严格控制粮食市场，严禁私商自由经营粮食。

4. 实行在中央统一管理下，中央与地方分工负责的粮食管理。

1953~1954 粮食年度，国家粮食征购数量比上个粮食年度增加29.3%，完成了当年统购任务，稳定了粮食市场。

（三）完善历程

随后，根据当时粮食产需形势的变化，对粮食统购统销政策不断进行了调整。

1. 在农村，实行粮食"三定"（定产、定购、定销）。1955年8月25日，国务院发布《农村粮食统购统销暂行办法》。要求分别核定每户农民的粮食产量，按月计算用粮量。国家对余粮户分别核定粮食交售任务进行统购，对缺粮户分别核定粮食供应量进行统销，对自足户不进行统购统销。

2. 在市镇，实行粮食定量供应。1955年8月25日，国务院发布《市镇粮食定量供应暂行办法》。规定对所有市镇居民，按照其劳动差别、年龄大小等情况分等定量，以户为单位，发给购粮凭证。对于工商行业用粮，按照用户的实际需要，核定指标，按计划供应。8月18日，粮食部印发《关于全国通用粮票暂行管理办法的通知》，从11月1日起，全国各地使用全国通用粮票和地方粮票。

3. 建立国家和社会粮食储备制度。1960年5月，中共中央召开16省（自治区、直辖市）财贸书记会议，讨论了农村粮食管理问题。大家一致认为，在粮食分配上，以丰补歉，逐步建立粮食储备，这是战略问题。做到国家有储备，公社和基本核算单位有储备，年年储一点，逐年增多。从1961年第一季度开始，通过粮食调拨，建立了由粮食部直接控制的少量粮食储备，全部摆在京、津、沪三市，动用要经中共中央、国务院批准。同时，开展社会粮食储备。1962年9月，中共中央《关于粮食工作的决定》指出，以生产大队为基本核算单位的，或者以公社为基本核算单位的，都可以保留一定比例的储备粮。

4. 开放农村集市贸易，实行粮食议购议销。1962年9月，中共中央《关于粮食工作的决定》规定，一是集体经济单位和农民在完成粮食征购任务以后，可以拿余粮上集市成交。二是供销社可以根据集市粮食上市情况适当收购，也可到完成征购任务后的生产队，用协议价格或用物资换购、收购一部分余粮。从此，全国范围内的粮食议购议销业务正式开展起来。

5. 粮食部与原有的商业部、全国供销合作总社和中央工商行政管理局合并为商业部。1970 年 6 月，根据中共中央批准的精简方案，商业部、粮食部、全国供销合作总社、中央工商行政管理局四个部门合并建立新的商业部。

6. 恢复粮食部。1979 年 6 月 12 日，第五届全国人大常委会第八次会议决定，设立粮食部。

7. 商业部、全国供销合作总社、粮食部合并为商业部。1982 年 3 月，商业部、全国供销合作总社、粮食部合并为商业部，商业部内设粮食管理机构，有粮食综合司、粮食购销司等 7 个司局。

8. 实行粮食多渠道经营。1983 年 1 月 22 日，国务院办公厅转发了《商业部关于完成粮油统购任务后实行多渠道经营若干问题的试行规定》。明确：对以县为单位完成征购、超购任务以后的农村余粮，允许多渠道经营，粮食部门要积极开展议购议销业务，参与市场调节，发挥主渠道作用。供销社和农村其他合作商业组织可以灵活购销，农民私人也可以经营。

三、粮食合同定购平价销售与议购议销时期（1985 年 1 月至 2004 年 5 月）

（一）背景

1978 年，党的十一届三中全会以后，中共中央出台了一系列政策，调动了农民生产粮食的积极性。1982 年 1 月 1 日，中共中央批转 1981 年 12 月的《全国农村工作会议纪要》，这也是我们通常所说的改革开放后第一个中央一号文件，其主要内容就是肯定多种形式的责任制，特别是包干到户、包产到户。1983 年 1 月 2 日，中共中央印发《当前农村经济政策的若干问题》指出，联产承包责任制和各项农村政策的推行，打破了我国农业生产长期停滞不前的局面，促进农业从自给半自给经济向着较大规模的商品生产转化，从传统农业向现代农业转化。

1978~1984 年，全国粮食生产实现了跨越式发展。1978 年为 6095 亿斤，首次突破 6000 亿斤大关。1982 年为 7090 亿斤。1984 年为 8146 亿斤；人均粮食产量 781 斤，首次突破 700 斤大关。

从 1953 年以来，全国粮食购销形势发生了很大变化。1953~1978 年 26 年中，国内粮食收支亏空 15 年，略有结余 11 年。1983 年，从根本上改变了长期存在的销大于购的状况。1984 年，征购 2047 亿斤，销售 1550 亿斤，购大于销 497 亿斤；国家粮食库存总量比 1978 年增加 92.0%；一些地方出现了粮食一时过多的情况，受国家仓库仓容和运力所限，采取"民代国储"办法，委托农民保管。

针对农业生产不能适应市场消费需求，产品数量增加而质量不高、品种不全的问题，必须进一步改革农村经济管理体制，在国家计划指导下，扩大市场调节。1985 年 1 月 1 日，中共中央、国务院《关于进一步活跃农村经济的十项政策》明确提出，粮食取消统购，改为合同定购。

（二）主要内容

粮食合同定购由商业部门在播种季节前与农民协商，签订定购合同。定购的粮食，国家确定按"倒三七"比例计价（即三成按原统购价、七成按原超购价）。定购以外的粮食可以自由上市。如果市场粮价低于原统购价，国家仍按原统购价敞开收购，保护农民的利益。

1985 年 3 月 13 日，国务院《关于下达调整生猪和农村粮油价格方案的通知》（国发〔1985〕35 号）指出，国家对小麦、稻谷、玉米和主产区（辽宁、吉林、黑龙江、内蒙古、安徽、河南）的大豆实行合同定购，其他粮食品种自由购销。合同定购内的三大品种（小麦、稻谷、玉米）按"倒三七"比例计价（即全省平均计算，三成按原统购价，七成按原超购价）收购。六个主产区合同定购内的大豆，按现行收购价收购。1985 年度国家合同定购粮食计划，确定为 1580 亿斤贸易粮（包括农业税）。国家供应农村缺粮人口的口粮、各种补助粮等，实行购销同价。国家供应市镇人口的口粮，仍按统销价不变。工业用粮从本粮食年度起，一律改为议价供应。

（三）完善历程

1. 实行粮食合同定购"三挂钩"，议价收购。1986 年 10 月 14 日，国务院《关于完善粮食合同定购制度的通知》（国发〔1986〕96 号）提出，1987 年中央专项安排一些化肥、柴油与粮食合同挂钩。从 1987 粮食年度开始，国家对农民完成合同定购任务外的粮食，实行随行就市，议价收购，让农民从多卖议价粮中增加收入。

1987 年 6 月 25 日，国务院《关于坚决落实粮食合同定购"三挂钩"政策的紧急通知》（国发〔1987〕60 号）规定，实行粮食合同定购与供应平价化肥、柴油、发放预购定金挂钩。

2. 加强粮食市场管理，建立粮食批发市场。1988 年 9 月 27 日，国务院《关于加强粮食管理稳定粮食市场的决定》（国发〔1988〕67 号）要求，从 1988 年秋季开始，大米由粮食部门统一收购，其他部门、单位和个人不得经营。逐步建立粮食批发市场，有秩序地组织市场调节。加强物价管理，合同定购的粮食，严格按国家规定价格收购。议购的粮食，略低于市价。

1990 年 7 月 27 日，国务院《批转商业部等八部门关于试办郑州粮食批发市场报告的通知》（国发〔1990〕46 号）。

3. 建立国家专项粮食储备制度，成立国家粮食储备局。为增强粮食宏观调控能力，保证粮食市场供应和粮价的基本稳定，1990 年 9 月 16 日，国务院《关于建立国家专项粮食储备制度的决定》（国发〔1990〕55 号）指出，国务院确定 1990 年度一定数量规模专项粮食储备计划。国家专项储备粮食，粮权在国务院。成立国家粮食储备局，负责国家粮食储备的管理工作，是国务院直属机构，商业部代管。

4. 改粮食合同定购为国家定购，压缩平价粮食销售。为缩小国家粮食收支缺口，逐步解决粮食购销倒挂问题，1991 年 1 月 12 日，国务院《关于调整粮食购销政策有关问题的通知》（国发〔1991〕3 号）要求，继续实行粮食购销调拨包干办法；从 1990 年度秋粮收购开始，将粮食合同定购改为国家定购，作为农民应尽的义务，必须保证完成；1991~1992 年度，全国粮食定购数量每年保持 1000 亿斤不变；粮食通过压销，改为议价供应，逐步做到国家定购与平价销售数量大体平衡。

5. 放开粮食价格和经营，改进粮食"三挂钩"兑现。1993 年 2 月 15 日，国务院《关于加快粮食流通体制改革的通知》（国发〔1993〕9 号）提出，争取在二三年内全部放开粮食价格。保留粮食定购数量，价格随行就市；将化肥、柴油由实物奖售改为平议差价补贴，付给出售定购粮食的农民；粮食预购定金继续由粮食部门在与农民签订粮食收购合同时，按收购价的 20.0%预付给农民；销售价格放开后，继续保留城镇定量人口的粮食供应关系。全国第一个放开粮食价格的是天津市。从 4 月 1 日起，取消粮票、油票。

6. 国家粮食储备局划归国内贸易部管理。从 1993 年 3 月开始。

7. 建立粮食收购保护价格制度，建立粮食风险基金制度。为了保护农民种粮的积极性，促进粮食生产的稳定增长，1993 年 2 月 20 日，国务院《决定建立粮食收购保护价格制度的通知》（国发〔1993〕12 号）要求，对粮食的主要品种实行收购保护价格制度。建立中央和省（自治区、直辖市）两级粮食风险基金制度，在粮食市价低于保护价时，按保护价收购；在粮食市价上涨过多时，按较低价格出售；上述价差由风险基金补偿。1994 年 5 月 9 日，国务院《关于印发〈粮食风险基金实施意见〉的通知》（国发〔1994〕31 号）作出了明确规定。

8. 国家粮食储备局划归国家发展计划委员会管理。从 1998 年 3 月开始。

9. 实行政企分开，完善粮食价格形成机制。1998 年 5 月 10 日，国

务院《关于进一步深化粮食流通体制改革的决定》(国发〔1998〕15 号)
指出,实行政企分开,全面落实粮食省长负责制,实行储备经营分开,
建立和完善政府调控下市场形成粮食价格机制,积极培育粮食市场。

10. 成立国家粮食局,组建中国储备粮管理总公司。1999 年 11 月,
撤销国家粮食储备局,成立国家粮食局,划归国家发展计划委员会管理。
2000 年 1 月,组建中国储备粮管理总公司。国家发展计划委员会、国家
粮食局对中国储备粮管理总公司实行业务指导。

11. 粮食主销区加快粮食购销市场化改革,完善国家粮食储备体系。
2001 年 7 月 31 日,国务院《关于进一步深化粮食流通体制改革的意见》
(国发〔2001〕28 号)要求,粮食主销区在粮食生产和流通主要依靠市场
调节的同时,保证粮食供应和粮食市场稳定;扩大中央储备粮规模,健
全中央储备粮垂直管理体系;粮食主产区坚持按保护价敞开收购农民余
粮;加快国有粮食购销企业改革步伐。

四、粮食市场购销时期 (2004 年 5 月至今)

(一) 背景

1998 年以来,我国农业和农村经济发展进入新的阶段,粮食流通体
制发生了很大变化,粮食收购渠道逐步拓宽;粮食销售市场完全放开;
粮食收购市场除在粮价过低时实行保护价收购外,粮食购销价格基本由
市场调节;中央储备粮垂直管理体系初步建立,国家宏观调控能力有所
增强。特别是北京、天津以及东南沿海的浙江、上海、福建、广东、海
南、江苏等地区的经济比较发达,粮食市场发育较好,从 2001 年开始,
放开粮食收购,粮食价格由市场供求形成,推进粮食主销区购销市场化
改革。2004 年,随着国民经济市场化程度提高,农村税费改革的全面实
行,进一步推进粮食购销市场化改革的条件已经具备。全国粮食总产量,
1999 年为 10168 亿斤,创历史新高,人均粮食产量 808 斤,首次突破 800

斤大关。2003 年为 8614 亿斤，人均粮食产量 667 斤，国家粮食储备数量较多。2004 年 5 月 23 日，国务院《关于进一步深化粮食流通体制改革的意见》（国发〔2004〕17 号）决定，在总结经验，完善政策的基础上，2004 年全面放开粮食收购市场。

（二）主要内容

在国家宏观调控下，充分发挥市场机制在配置粮食资源中的基础性作用。积极稳妥地放开粮食主产区的粮食收购市场和粮食收购价格，当粮食供求发生重大变化时，为保证市场供应、保护农民利益，国务院决定对短缺的重点粮食品种在粮食主产区实行最低收购价格；健全粮食市场体系。建立直接补贴机制，保护种粮农民利益。加强粮食市场管理，维护粮食正常流通秩序。改善粮食宏观调控，确保国家粮食安全。

从 2004 年以来，国家对粮食主产区的稻谷、小麦实行最低收购价格政策。

（三）完善历程

1. 健全粮食流通体制机制。2006 年 5 月 13 日，国务院《关于完善粮食流通体制改革政策措施的意见》（国发〔2006〕16 号）提出，加快国有粮食购销企业改革，转换企业经营机制；清理剥离国有粮食企业财务挂账，解决企业历史包袱；加强粮食产销衔接，建立粮食产销区之间利益协调机制；培育规范粮食市场，建立全国统一粮食市场体系；加强粮食宏观调控，确保国家粮食安全；加强粮食流通监督检查，做好全社会粮食流通统计工作。

2. 国家对主产区玉米、大豆、油菜籽等实行临时收储政策。国家对东北三省和内蒙古自治区玉米（2007~2016 年）、大豆（2008~2014 年）和江苏、安徽、湖北等 18 个省份的油菜籽（2008~2015 年）实行临时收储政策。

3. 国家对东北三省和内蒙古自治区大豆实行目标价格（2014~2017 年）政策。从 2014 年 5 月开始，国家发展改革委、财政部、农业部联合发布大豆目标价格，2014 年为每吨 4800 元。实行大豆目标价格政策后，取消临时收储政策，生产者按市场价格出售大豆。当市场价格低于目标价格时，国家根据目标价格与市场价格的差价和种植面积、产量或销售量等因素，对试点地区生产者给予补贴；当市场价格高于目标价格时，国家不发放补贴。具体补贴发放办法由试点地区制定并向社会公布。2017 年 3 月，取消大豆目标价格，实行市场化收购加生产者补贴机制。

4. 建立健全粮食安全省长责任制。2014 年 12 月 31 日，国务院《关于建立健全粮食安全省长责任制的若干意见》（国发〔2014〕69 号）指出，强化粮食安全意识和责任；管好地方粮食储备；增强粮食流通能力；保障区域粮食市场基本稳定；推进节粮减损和健康消费。

5. 大力发展粮食产业经济。2017 年 9 月 1 日，国务院办公厅《关于加快推进农业供给侧结构性改革大力发展粮食产业经济的意见》（国办发〔2017〕78 号）提出，培育壮大粮食产业主体；创新粮食产业发展方式；加快粮食产业转型升级；强化粮食科技创新和人才支撑等。

6. 成立国家粮食和物资储备局。2018 年 3 月，按照《深化党和国家机构改革方案》，新组建国家粮食和物资储备局，整合了原国家粮食局的职责，国家发展和改革委员会的组织实施国家战略物资收储、轮换和管理，管理国家粮食、棉花和食糖储备等职责，以及民政部、商务部、国家能源局等部门的组织实施国家战略和应急储备物资收储、轮换和日常管理职责，旨在加强国家储备统筹规划，构建统一的国家物资储备体系，强化中央储备粮棉监督管理，提升国家储备应对突发事件能力。国家粮食和物资储备局由国家发展和改革委员会管理。

2018 年度全球粮食危机报告

陈泽宇　编译　北京外国大学法学院

2019 年 4 月 2 日，布鲁塞尔，"危机时期的粮食和农业"高级别会议开幕，会期两天，主要探讨预防和应对粮食危机的创新办法和解决方案，制定未来共同行动路线图。联合国粮食及农业组织（以下简称粮农组织）、联合国粮食计划署（以下简称粮食署）等在会议上发布了《2018 年度全球粮食危机报告》（以下简称《报告》）。

《报告》指出，2018 年，53 个国家的 1.13 亿人受重度饥饿影响，比 2017 年的 1.24 亿人略有下降。近 2/3 的重度饥饿人口集中在 8 个国家：阿富汗、刚果民主共和国、埃塞俄比亚、尼日利亚、南苏丹、苏丹、叙利亚、也门。有 17 个国家重度饥饿人数保持不变或出现了上升。重度饥饿，亦称严重粮食危机（严重粮食不安全），系指因人们无法摄入充足食物而使其生命或生计陷入紧急危险的情形。它借鉴了国际公认的极端饥饿衡量办法，如粮食安全阶段综合分类（IPC）和 Cadre Harmonisé 分析框架。

地区冲突、气候变化、经济波动是导致严重粮食危机的主要因素。一是因地区冲突或安全局势动荡而陷入重度饥饿，共有 21 个国家和地区的近 7400 万人，占全球总数的 65.5%。其中大约 3300 万人居住在非洲的 10 个国家；有超过 2700 万人居住在西亚和中东的 7 个国家。二是由于气候变化和自然灾害而忍受重度饥饿，共有 2900 万人，占全球总数的 25.7%。其中绝大部分居住在非洲。另外，有 13 个国家（包括朝鲜和委内瑞拉）因数据缺口而未被列入报告分析范围。三是受国内经济波动影响遭受重度饥饿，共有 1020 万人，占全球总数的 8.8%。主要在布隆迪、苏丹、津巴布韦等国。

在过去三年里，全球面临重度饥饿的总人数始终维持在 1 亿人以上，受影响的国家数量也增加了。

还有 42 个国家的 1.43 亿人距离重度饥饿仅有一步之遥。

《报告》发布，为发出合作号召提供了强有力依据，即将预防、准备、应对行动结合起来，以解决紧急人道主义需求和根源问题，包括气候变化、经济冲击、冲突和流离失所。需要在粮食危机涉及的人道主义、发展援助层面采取统一的办法与行动，并在减缓冲突、实现可持续和平方面投入更多资金。

粮农组织总干事若泽·格拉齐亚诺·达席尔瓦指出："《报告》明确显示，尽管 2018 年陷入重度饥饿（最极端的饥饿形式）的人数略有下降，但这一数字还是太高了。我们必须在人道主义、发展、和平三个维度开展大规模行动，帮助受影响和脆弱的人建立抵御力。为挽救生命，我们还必须挽救生计。"

粮食署执行主任戴维·比斯利认为："要真正消除饥饿，我们必须解决根本问题：冲突、不稳定、气候冲击的影响。儿童需要得到良好的营养和教育保障，妇女需要被真正赋权，农村基础设施需要加强，如此才能实现零饥饿目标。各项能够提高社区抵御力和稳定性的计划，同时也可以减少饥饿人数。我们还希望全球领导人做一件事：立即采取措施，推动解决冲突问题。"

欧盟国际合作与发展委员内文·米米察（Neven Mimica）表示："粮食不安全仍然是一项全球挑战。这就是为何从 2014 年至 2020 年，欧盟要为 60 多个国家的粮食和营养安全及可持续农业倡议提供近 90 亿欧元资金的原因。今日发布的《报告》强调，需要加强人道主义、发展、和平事业行动方之间的合作，以扭转和预防粮食危机。加强全球应对粮食危机网络

（全球网络）有助于在实地落实变革，帮助真正有需要的人群。"

《全球粮食危机报告》每年由全球应对粮食危机网络负责编写，该网络由国际人道主义和发展伙伴组成。参与《报告》的编写者（按字母顺序排列）：萨赫勒地区国家间抗旱常设委员会（CILSS）、欧洲联盟（EU）、饥荒预警网络（FEWS NET）、粮农组织（FAO）、全球粮食安全集群、全球营养集群、粮食安全阶段综合分类（IPC）全球支持部、政府间发展组织（IGAD）、国际粮食政策研究所（IFPRI）、中美洲统合体（SICA）、南部非洲发展共同体（SADC）、联合国人道主义事务协调厅（OCHA）、联合国儿童基金会（UNICEF）、美国国际开发署（USAID）、粮食署（WFP）。

除此之外，慢性饥饿系指人们长期无法摄入足够的食物来维持正常、积极的生活方式的情形。粮农组织于 2018 年 9 月发布的最新《世界粮食安全和营养状况》指出，全球有 8.21 亿人正在挨饿，占全球人口总数 75.79 亿人的 10.8%。

另外，英国《经济学人》杂志发布 2018 年《全球粮食安全报告》，该报告利用联合国相关统计资料及数据，通过粮食购买力、供应力、品质与安全、自然资源与韧性四个指标来综合计算各国粮食安全指数，以衡量一国的粮食安全状态。在该报告统计的全球 113 个国家中，中国排第 46 位，高于世界平均水平。领先世界第二人口大国印度（第 76 位），世界第四人口大国印度尼西亚（第 65 位）。中国在亚太地区排第 7 位，前 6 位分别是：新加坡、澳大利亚、新西兰、日本、韩国、马来西亚。全球粮食安全排前 10 位的分别是：新加坡、爱尔兰、英国、美国、荷兰、澳大利亚、瑞士、芬兰、加拿大、法国，多数为富裕发达的欧美国家。然而，倒数 5 位分别是：布隆迪、刚果民主共和国、马达加斯加、也门、塞拉利昂，全部是贫穷落后的非洲国家。所以，粮食安全显示的是国家经济实力。

后　记

　　2019 年 1 月 15 日，中国粮食经济学会内刊《粮经学会简讯》恢复办刊。本书收录文章全部精选于《粮经学会简讯》，经国家粮食和物资储备局领导同意，对外出版发行。

　　中国粮食经济学会肖春阳担任本书总编，参与约稿、编辑的工作人员有学术交流部唐炜（中国粮食行业协会总经济师）、国际合作部洪涛（北京工商大学教授）、书刊编辑部刘立春（原国家粮食局人事司秘书）、综合部连志宏（原 61096 部队副政委），咨询培训部万振科（北京金瑞盈财务咨询有限公司会计）。

　　本书的组稿、编辑、出版，得到了国家粮食和物资储备局、各省（自治区、直辖市）粮食和物资储备局（粮食局）、各省（自治区、直辖市）粮食经济学会、粮食相关科研院校、粮食企业、粮食部门领导、专家、学者、干部职工等有关各方的大力支持，在此一并致以诚挚的谢意。

中国粮食经济学会

2019 年 9 月 12 日